질문의
밀도

질문의 밀도

대화가 깊어지고 관계가 단단해지는 소통의 기술 7

김윤나 지음

21세기북스

어떤 대화는 하고 나면
더 외로워진다

기껏 용기 내어 몇 마디 속을 내비쳤더니, 상투적인 대꾸나 앞뒤 잘라버린 평가의 말만 돌아올 때가 있다. 혹은 요령 있게 화제를 돌려 자기 이야기로 대화를 유턴시켜버리기도 한다. "시간이 약이지", "그 정도는 괜찮아", "나도 요즘 힘들어"와 같은 식으로 말이다.

이런 대화는 공허함을 남긴다. '저렇게밖에 말할 수 없나?' 하는 생각에 서운하고, '괜히 말했다' 싶어 머쓱해진다. 이처럼 말이 대화로 이어지지 못하는 순간에 맞닥뜨리면, 우리의 관계에 무엇이 빠져 있었는가를 헤아려보게 된다.

'오늘도 자기 말만 하네…… 도대체 나한테 관심이 있긴

한 건가……'

'그걸 지금 위로라고 하는 거야? 내가 듣고 싶은 말은
그게 아니라고!'

'뭐라고 반응해야 할지 모르겠네. 나한테 뭘 바라는 거
지?'

'이 친구하고는 만날 때마다 어색해. 도통 마음을 열기
어려워.'

'왜 관계가 오래 지속되지 못할까…… 내게 문제가 있는
건 아닐까?'

만약 이런 혼잣말을 중얼거린 적이 있다면, 당신의 대화에도 결
정적인 한 가지가 부족했을 가능성이 크다. 말하기와 듣기를 구성
하는 본질적 요인임에도, 생략되어 있는지 자각조차 하지 못할 정
도로 자연스럽게 제외되어버린 대화의 기술.

바로 질문이다.
당신은 제때 질문을 하지 못했거나, 질문을 받지 못한 것이다.

자기 말만 늘어놓는 대화 나르시시즘에 빠진 사람은, 질문을 생
산할 줄 모른다. 공감의 이름으로 결국 자기가 더 많이 말하고야

마는 이들도, 조급한 마음 밭에서 질문을 길러내지 못한다. 누군가의 고민 앞에 단정짓기와 정답찾기에 몰두하느라 질문을 놓치는 자들도 마찬가지다.

관계가 제자리걸음인 사이에도 언제나 질문이 빠져 있다. 사람은 대화라는 통로를 통해 깊이를 확보한다. 특히 질문을 통해 새로운 이야기가 열릴 때 관계의 균열과 빈틈이 메워진다. 그러나 질문이 없는 대화는 피상적인 수준에서 겉돈다. 끝내 연결의 문고리를 찾지 못하고 각자 하고 싶은 말을 떠들다가 '다음에 보자'로 마무리된다. 그런 관계는 수명이 짧다.

질문 없이는 너와 나를 엮을 수 없다. 말하고 싶은 욕망을 조절하고 상대와 말의 점유율을 나눌 때 비로소 한 팀이 된다. 질문으로 타인을 향한 호기심과 배움의 범위를 확장해갈 때, 서로 다른 생각과 감정이 오가는 사이에 이해와 연민의 공간이 만들어질 때 관계는 끈끈해진다.

애정과 신뢰 역시 대화를 통해 꾸준히 키워야 한다. 10년지기 친구이든, 30년 동안 한솥밥을 먹은 사이에서든, 질문이 멈춘 관계는 더 자라지 못한다. 만나면 과거의 기억만 소환하거나 관여와 개입이 선을 넘는 사이에서도 물리적 시간이 축적될 뿐, 결국 변화에 가장 둔감한 사이가 된다.

그럼에도 우리는 너무 많은 대화에서 질문을 잃었다. 내 오래된 습관 중의 하나는 주변의 대화를 질문 중심으로 복기해보는 일이다. 서로 몇 개의 질문이나 주고받았나, 어떤 형태의 질문이었나를 통해 마음의 거리를 짐작해보는 위험을 감행할 때도 있다.

그럴 때마다 놀라게 되는 사실은, 제로 질문^{Zero Question}의 대화가 생각보다 더 많다는 점이다. 서로에게 단 하나의 질문도 하지 않고 헤어지는 만남도 있다. 저마다 입을 열어 자기 말을 하기 바쁘고, 상대의 말을 자르기를 시도하며, 뜨거운 충고와 조언을 보내는 데만 많은 시간을 쓴다. 설령 질문을 하더라도 "했어?", "됐어?"와 같이 '사실 확인용'이나 '자기 안심용' 정도에서 머문다.

이런 연유로, 이 책은 목적은 단순하다. 관계에서 질문을 되살리기 위한 책이다.

질문은 대화를 풍성하게 한다. 질문은 이야기에 흥미와 재미를 더하고, 생생함을 불어넣는다. 촘촘하게 질문이 오가는 대화에서는 적당한 긴장감과 호기심이 살아나고, 턴을 바꾸면서 생기는 부드러운 리듬감을 따라 대화는 율동처럼 흘러간다. 이런 대화 방식은 사람들을 참여시킨다. 누구도 소외시키지 않으면서도, 질문을 던지는 사람에게 특별한 매력과 호감을 부여한다.

질문은 사람의 마음을 털어내는 가장 깨끗한 도구다. 질문을 함으로써 누군가 고민을 정리하는 과정을 도울 수 있고, 생각하지 못했던 지점을 발견하도록 지원할 수 있으며, 때론 그 어떤 위로보다 조용하고 묵직한 공감의 역할을 해주기도 한다.

또한 질문은 변화를 위한 강력한 설득 방식이다. 사람들은 누군가가 대신 말해준 것이 아니라, 스스로 말한 내용을 더욱 믿는다. 이를 밀어붙이려면 말의 힘이 필요하지만, 내면의 목소리를 마음속에서 꺼내기 위해서는 질문의 지혜가 필요하다. 시간과 경험을 존중하는 질문, 갇힌 시야를 확장시키는 질문, 스스로 깊게 들여다보게 하는 질문, 작은 실행을 가능케 하는 질문을 익힌 사람은 영향력을 가진 리더가 된다.

이 책은 질문을 업으로 삼는 코치이자 강사로서, 지난 20년 동안 보고 듣고 경험한 질문의 효용과 실제에 관한 것이다. 부부와 연인, 부모와 자녀, 친구와 동료, 선배와 후배가 일상의 관계 대화에서 주고받을 수 있는 쉽고 효과적인 질문을 소개하고 싶었다.

본문에서는 질문이 필요한 이유에서 출발하여 구체적인 질문의 기술, 질문과 질문 사이에서 기억해야 할 태도들을 다룬다. 1장에서는 잘못된 공감, 어긋나버린 위로, 아쉬운 조언의 방식들을 살펴보고, 질문이 가져오는 실질적인 변화를 짚어본다.

2장에서는 일상에서 바로 사용할 수 있는 다양한 질문 기술을 안내한다. 질문에도 밀도의 차이가 있다. "왜 그랬어?"라는 질문과 "다시 돌아간다면 어떻게 하고 싶어?"라는 질문 사이에는 꽤나 적지 않은 격차가 존재한다. 7가지 유형의 고밀도 질문들을 익혀가면서 자신의 상황과 잘 맞는 것부터 하나씩, 천천히 적용해보면 된다.

3장에서는 질문과 동반되어야 할 태도에 관한 장이다. 질문을 하고 나서는 전념하고 기다리는 일, 거리감을 유지하며 함께 머무는 시간이 필요하다. 질문이 사람을 쫓아버리는 기술이 되지 않도록, 따뜻한 주의를 기울이는 방법에 관해 소개한다.

이 책을 읽고, 당신의 대화에 질문이 되살아났으면 한다. '질문하고 싶다' 내지는 '지금은 질문이 필요한 순간이구나' 하는 감각이 깨어나도 좋겠다. 당신이 건넨 질문이 누군가를 위로하고, 에너지를 복돋아주고, 작은 걸음을 내딛게 한다는 그 작은 감동을 누려보기를 바란다.

"여보, 오늘은 마음이 어때요?"

어제는 이 질문 하나만으로 남편에게 일주일간 부렸던 심술이 거두어졌다. 이리도 쉽게 마음을 풀게 돼서 못내 억울하면서도 이런 질문을 해주는 사람이 있다는 사실에 마음 한편이 환하게 밝혀진다. 질문은 때로 옹졸하고 까끌한 기분까지 누그러뜨린다.

"다음에는 어떤 책을 쓰고 싶어?"

친구가 이렇게 물어줄 때면 당장이라도 와락 안아주고 싶어진다. 말하기의 충동을 이겨내어 내게 시간과 마음을 건네고 있다는 것을 알기 때문이다. 놀랄까 봐 포옹 대신 환한 미소로 대신하기로 한다. 어서 빨리 내 이야기를 마치고, 나도 질문으로 우정을 되돌려주고 싶어진다.

말이 인생의 전부는 아니지만, 여전히 상당한 무게와 영향력을 가진다. 우리는 오늘도 어떤 말 때문에 웃거나 울지 않았는가. 동시에 말은 여전히 수련의 대상이다. 나이가 들어차도 여전히 말이 쏟아지고, 갈피 없이 흩어지고, 때론 고삐를 놓쳐 누군가를 다치게 하니 말이다.

말을 덜어내자.

말이 넘치면 사고가 난다. 아는 척하거나, 간섭하거나, 평가하거나, 짐작하거나, 비난하거나, 독점하기도 한다. 그러니 말을 조금 덜고, 그 자리에 질문을 두자. 물음표(?)는 마침표(.)나 느낌표(!)와 견주어볼 때, 생김 자체가 곡선적이고 유연하다. 그러면서도 낚아채는 힘이 있어서 답을 얻어내고, 질문하는 사람과 질문받는 사람을 연결한다.

유도하지 않는 질문, 다정한 질문, 겸손한 질문, 투명하고 담백한 질문과 같은 고밀도의 대화는 관계의 온도를 높인다. 마음의 기온이 1도씩 높아지면, 삶에 대한 면역력도 그만큼 올라간다. 서로에게 참 이로운 일이다.

우리 같이, 다시 질문을 배우자.

말마음연구소에서
김윤나

차례

1장

말하기 바쁜 사람들

공감은
그렇게 하는 게 아니다

'공감'은 이제 흔한 단어가 되었다. 그러나 '안다'와 '한다' 사이의 간극을 좁히는 일은 여전히 어렵다. 공감에 관해 말하고 요구하는 사람은 늘어났지만, 이를 제대로 사용할 줄 아는 사람은 더 드물어졌으니 말이다. 수요와 공급 면에서 균형이 맞지 않는다.

특히 가까운 관계에서 공감을 하는 일은 더 어려운지도 모르겠다. 진심이 공감을 방해하기 때문이다. 거짓이 아닌 그 마음이 대화에서 불필요하게 앞서 나선다. 상대를 위한 시간과 공간을 비워두지 못하고, 조바심을 내면서 자꾸 공감의 자리를 말로 채우려 한다.

친구와 있었던 일이다. 아이들과 일 사이를 반복하며 오가다 보면 마음이 주저앉을 때가 있다. 그럴 때면 속을 드러내도 좋은 사람을 만나 대화를 하고 싶어진다. 무거운 마음을 털어놓는 것만으로도 얽혀 있는 응어리가 한결 풀릴 것만 같다. 그렇게 친구와 카페에 마주 앉아 밀린 수다를 주고 받았다. 서로의 안부가 정리되자 나는 가져온 한숨을 꺼내며 말했다.

"진짜…… 이걸 어떻게 말로 표현해야 할지 모르겠는데. 두 아이를 키우는 일이 너무 행복하면서도 힘들 때가 있어. 내가 잘 해낼 수 있을까 싶어서…… 생명을 키운다는 책임감이 무거워. 가끔은 잠이 안 올 정도로."

오랜 친구는 내 이야기를 가만히 들었고, 이내 조심스럽게 말을 이어갔다.

"……나는 아이를 키우지는 않지만, 그 마음을 알 것 같아. 아침마다 강아지 밥을 줘야 할 때 말이야. 그게 생각보다 힘이 들거든. 아침에 일어나기 힘든데 강아지들이 막 짖고……."

"어? 강아지?"

친구는 한 걸음씩 신중하게 말을 내디뎠지만, 나는 속으로 '아무리 강아지도 가족인 세상이라지만 이 타이밍에는 좀 아니지 않나?' 하고만 있었다. 더 의지하고 싶은 마음이 생기지 않았다. 말해보았자 소용없겠다는 단절감과 쓸쓸함이 몰려왔다.

얼마 후 친구가 다시 강아지 이야기를 꺼냈을 때 반사적으로 거부감이 일었다. 계속 꽁하고 싶지 않아서 '저기, 그 강아지 말이야……' 하면서 그날의 일을 꺼냈다. '강아지 때문에 너와 더 멀어진 기분이었다'고 털어놓으며, 앞으로는 아이들 이야기에 강아지를 등장시키지 않았으면 좋겠다고 했다. 그러자 놀란 표정의 친구가 답했다.

"아니, 나는 공감해주고 싶어서. 내가 그런 경험이 없다
보니까."

싱글인 내 친구는 아이 둘 엄마인 내 이야기에 공감하려고 나름의 애를 썼다. 너의 괴로움을 모르지 않는다고 말해주고 싶어서, 자신의 경험 중에 가장 결이 비슷한 것을 고심하여 골라내었다. 본래 마음에 없는 소리는 잘 못하는 친구의 진심이다. 그러나 그녀의 '말'은 나를 더 밀어냈다. 결과적으로 우리의 다른 라이프 스타일과 그로 인한 심리적 거리감이 도드라졌다.

유감스럽지만 공감은 이런 방식으로 이루어지지 않는다.

　인간중심 상담으로 잘 알려진 심리학자 칼 로저스는 관계를 촉진하는 조건 중의 하나로 '공감적 이해empathic understanding'를 꼽았다. 그것은 상대가 경험하고 있는 '감정'과 중요한 '의미'들을 감지하고, 자신이 이해한 것이 맞는지 다시 확인하는 과정을 뜻한다.
　그러나 이러한 이상적인 기대와 달리, 일상의 대화에서 공감을 실현하는 일은 그리 간단하지 않다. 본래 사람의 마음이란 것이 복잡한 데다가, 그것을 언어로 표현하는 과정에서 모호한 감정과 어지러운 생각들이 교차된다. 이토록 난해한 퍼즐 판 위에서 화자의 진짜 감정과 의미를 단번에 파악하기는 어려울 수밖에 없다. 공감을 제대로 하려면 지금 손에 쥔 단서보다 더 많은 퍼즐 조각을 모으려는 인내와 수고의 태도가 필요하다.
　이런 이유로 상대가 말을 꺼냈을 때 곧바로 공감의 말을 이어가려는 시도는 높은 확률로 실패한다. 마치 장님이 코끼리 만지는 격이 되어버리기 쉽다. 꼬리를 더듬어보며 '아, 이건 뱀이구나' 하거나 귀를 만지면서 '맞아, 부채 같은 거야'라고 단정 짓는 것이다. 이런 방식은 자기 위주의 공감에 가깝다.

　공감은 '나도 알아'의 대화가 아니다. '아~ 무슨 말인지 알겠다'

며 성급하게 고개를 끄덕일수록 오히려 공감으로부터 멀어진다. 그 순간부터 상대의 이야기에 호기심을 잃고, 오로지 내가 알고 있는 경험의 틀 안에서 이해하게 되기 때문이다. 또 공감의 방식은 꼭 '나도 그래'가 아니어도 된다. 같은 경험을 해야만 공감할 수 있는 것이 아니다. 아니, 본래 너와 나 사이에 같은 경험이라는 것은 애초부터 존재할 수 없다고 보는 편이 낫다.

우리가 어제 저녁, 같은 노을을 보았다고 해서 그것이 동일한 경험이라고 단언할 수는 없다. 하늘이 붉게 물들어갈 때, 한 사람은 저물어가는 인생의 허무함을, 또 다른 사람은 새로운 시작에 대한 기대감을 떠올렸을지 모를 일이다. 이러한 디테일을 무시하고 한 개인에게 일어난 일을 자꾸 '비슷한 무엇'과 엮으려고 하면 본래의 독특함과 구체성이 사라져버린다.

진짜 공감은 '모르는 상태에서 알아가는 것'으로 향하는 과정이다. 이는 '알지 못함'의 상태에서 상대의 경험에 대해 더 '알아가보겠다'는 결심이 요구되는 일이다. 한 사건에 얽혀 있는 타인의 감정과 의미를 일반화하거나 축소하지 않으면서, 조바심을 내지 않고 남은 퍼즐 판을 맞춰가려는 태도에서 공감의 마음이 전달된다. 이런 사람은 공감할 때 말이 많지 않다. '어! 나도 그런 적 있는데'라는 말도 쉽게 꺼내지 않는다. 상대의 이야기가 완성될 때까지 기다릴 줄 안다.

마음에 먹구름이 몰려오고 폭풍우가 쏟아질 때, 사람은 사람을 찾는다. 내 편이라고 믿고 싶은 이와 눈을 맞추며 따뜻한 온기를 나누고 싶어진다. 그럴 때 필요한 사람은 비를 멈추는 방법에 대해 장황한 말을 늘어놓지 않는 사람, 비를 멈추게 해야 한다는 과한 책임감에 빠지지 않는 사람이다. 서로가 경험한 비의 질감이 상당히 다르다는 진실을 아는 사람, 그저 지금 내리는 비에 관해 함께 도란도란 이야기 나눌 수 있는 사람이면 충분하다.

작은 대화에도
기술이 필요하다

대화에도 크기가 있다면 발표, 협상, 설득과 같이 전략과 준비가 요구되는 커뮤니케이션을 '큰 대화'라 하고, 일상의 잡담, 하소연, 수다처럼 예고 없이 산발적으로 일어나는 소통을 '작은 대화'라고 나눠볼 수 있을 것이다. 이때 의외로 많은 사람들이 작은 대화에서 헤맨다. 이를테면 일을 할 때 필요한 스피치나 프레젠테이션은 능숙하게 해내면서도, 오전 내내 고객에게 시달려 지쳐버린 동료에게 어떤 말을 건네야 할지는 쉽게 떠올리지 못한다.

대화가 어렵다고 하는 이들은 대부분 작은 대화에 필요한, 상황에 꼭 맞는 한 문장을 찾는 일을 힘들어한다. 고된 하루를 잘 버티고 집에 돌아온 가족을 위한 따뜻한 위로의 말, 한낮에 있었던 소란으로 속이 시끄러운 친구를 도닥여줄 수 있는 짧은 한마디를 끝내 꺼내지 못하는 것이다.

남편과의 일이다. 주말 저녁, 아이들과 함께 밖에서 햄버거를 먹다가 서로의 일상에 대해 이런저런 말이 오갔다. 남편이 회사에서 맡아서 진행하던 프로젝트에 골치 아픈 일이 좀 생겼다는 말을 나누다가, 나 역시 고민을 털어놓게 되었다.

"글쓰기가 더 어려워진 것 같아요. 요즘 베스트로 꼽히는 책들의 기준이 무엇인지 잘 모르겠어요. 나 역시 어떤 다른 변화를 시도해야 하는 건지…… 휴……."

정말 그랬다. 첫 책이 나온 게 2015년으로, 이후 10년째 글을 써오고 있고 이번이 열한 번째 책이다. 그러나 갈수록 글쓰기가 쉬워지는 게 아니라 오히려 미궁 속으로 걸어 들어가는 심정이었다. 생각지도 못하게 많은 사랑을 받은 책도 있지만, 의욕을 가지고 열심히 쓴 책이 외면받을 때도 있었다. 좋은 책이란 무엇일까, 앞으로 어떤 책을 써야 할까 근심이 많아졌다.

고민스러운 내 말에 남편은 대번 이렇게 말했다.

“요즘 같은 정치경제 상황에서는 아무래도 책들을 잘
안 읽으니까. 이렇게 경기가 위축되면 돈에 관련된 책들
위주로……”

정치경제라는 단어가 등장하는 순간부터 나는 속으로 ‘또야?’ 했
다. 남편과 나는 종종 이런 동상이몽의 상황에 놓인다. 어떤 이야기
를 꺼냈다가 갈림길에서 어긋나버리고 뚱한 마음으로 식탁에서 일
어나게 되는 상황이다. 한번은 대출금 이자 걱정을 했더니 남편이
변화된 부동산 정책과 금리 변동에 대해 읊었고, 둘째 아이의 체력
이 약해서 걱정이라고 했을 때 남편에게 군대의 체력 훈련 시스템
에 대해 브리핑을 받은 적도 있다.

나는 남편에게 정치경제 현황이나 군대 시스템에 대해 듣고 싶지
않다. 그의 설명 본능은 막 열어 보이려던 마음을 다시 닫히게 했다.
이후로도 몇 번이나 ‘설명하는 대신 그냥 들어줘요’라고 말했지만
남편은 ‘설명’을 멈추지 못했고, 그 이유에 대해서도 ‘내게 도움이
좀 될까 싶어서’라고 설명했으나 나는 또 다시 고개를 내저었다.

이는 작은 대화의 기술이 부족하기 때문에 생기는 일이다. 회사
에서 미팅을 이끌어가는 일이나 까다로운 임원 보고는 능숙하게
해내면서, 정작 옆자리에서 근심 가득한 얼굴을 한 아내를 어떤 말

로 응원해야 할지는 모르는 것이다. 상황에 어울리는 대화의 적정 기술을 알지 못하면 자꾸 엉뚱한 반응을 하게 된다. 가볍게 넘어갈 일에 진지해지거나, 끄덕이기만 해도 충분한데 불필요한 말이 앞선다. 안타깝게도 이렇게 자꾸 대화가 어긋나다 보면 결국 진심까지 오해받게 될 수 있다.

속이 시끄러울 때 대화할 사람을 찾는 이유는 '사회적 지지Social Support'에 대한 기대 때문이다. 상대가 나 대신 문제를 해결해줄 수 없다는 것은 알지만, 타인의 '돌봄'과 '사랑'을 확인하고 싶어서다. 식물이 한 줌 햇볕을 향해 기울 듯, 사람 역시 타인의 온기를 찾는다.

심리학 연구에서도 사회적 지지, 주변 사람들로부터 받는 관심과 지지가 개인의 삶에 얼마나 중요한 역할을 하는지 말해주고 있다. 특히 타인의 관심은 '내 삶이 의미 있다'는 감각을 회복시키고, 여전히 내가 중요한 존재이며 가치 있는 사람이라고 느끼게 해준다. 자존감이 추락하고 존재감이 희미해질 때, 믿을 만한 사람의 진심 어린 지지적 태도는 절벽 앞에서의 나를 붙잡아 세운다.

그러나 사회적 지지도 그 방식에 따라 효과가 달라진다. 관심과 공감, 격려와 응원과 같은 정서적 지지 이외에 문제를 해결하는 방법이나 정보를 알려주는 정보적 지지, 돈이나 물건을 제공하는 물질적 지지, 그리고 칭찬이나 피드백 제공을 통한 평가적 지지의 경우, 삶의 의미감에는 큰 영향을 미치지 않을 수 있다.

　물론 모르는 것을 가르쳐주고, 용돈을 쥐여주는 실질적인 도움이 필요한 순간도 있다. 그러나 일상의 대부분은 서로의 애정과 신뢰를 확인하는 작은 대화들로 이루어져 있다. 회사 카페테리아에서, 함께 과일을 깎아 먹으며, 나란히 걸어가는 산책길에서 누군가와 나누는 걱정과 불안, 슬픔과 괴로움에 관한 대화를 통해 우리는 위로를 받고 다시 걸어갈 힘을 얻는다.

　그럼에도 우리는 정서적 지지에 필요한 자세를 자주 잊는다. 판사의 공정함을 발휘하고, 검사처럼 날카롭게 분석하며, 변호사와 같이 전문적 식견을 드러내어 상황을 바꾸려 한다. 그렇게 정보적 지지나 평가적 지지자의 역할을 하면서 스스로 '도움을 주려고 노력했다'고 말한다. 혹여 상대가 '내가 원하는 건 이게 아니다'라고 서운해하면, '그러면 나한테 왜 말한 거야?' 하며 작은 대화의 속뜻을 알아차리지 못한다.

　넷플릭스 드라마 〈폭싹 속았수다〉에서 배우 나문희 씨가 맡은 할머니의 역할은 대사가 길지 않다. 오랜만에 찾아와 슬픈 눈을 하고 곁에 앉은 손주 딸에게 "뭐가 고달파?"라고 묻고 기다린다. 그 간결하면서도 다정한 말에 시청하는 내내 코끝이 시큰했다. 그 말

한마디의 여운이 길게 남았다. 사람의 녹슨 마음에 기름칠을 해주고, 부족한 기운을 다시 지펴내는 말의 형태란 저렇게 작고 소박한 것이 아닐까 생각했다.

화려한 발표 기술보다, 저녁 밥상 앞에서 도란도란 대화할 줄 아는 능력이 삶을 따뜻하게 만드는 데 더 유리하다. 설득의 고수가 되는 것도 좋지만, 울적해하는 친구를 위해 무엇을 말해야 할지 아는 사람의 곁에 사람들이 오래 머문다. 실패와 실수, 불안정과 불확실, 오해와 왜곡이 많은 인생에서 우리를 살아남게 하는 것은 소소한 공감과 위로, 격려와 같은 작은 대화다. 서로 조금씩 익히고 배워두면 상처 입은 사람을 위한 응급 처치 키트로 요긴하게 활용할 수 있다.

내 일처럼
생각하지 않는다

“넌 쿨해.”

예전에 한 친구는 내게 종종 ‘쿨하다’고 말했다. 타인의 일에 거리를 두는 것 같다는 의미로, 내게 무언가 서운한 마음이 들 때마다 했던 말이다. 그러나 나는 생각이 좀 다르다. 가까운 사이에 쿨한 태도를 유지하기가 더 힘들다는 주의다. 너무 가까이 다가가지 않기 위해서는 발뒤꿈치로 버티는 마음이 필요하기 때문이다. 곁에서 참견하기보다, 반걸음 떨어진 곳에서 바라보기 위해 힘을 써야 한다.

한번은 예전에 같은 직장에 다니던 선배에게 전화를 걸었다. 함께 일하는 직원에 대한 고민을 상의하고 싶어서였다. 직원에게 계약을 해지할 만한 사유가 있었지만, 개인 사정을 고려하느라 선뜻 결정을 내리지 못하고 있던 상황이었다. 아무래도 나보다 경험이 많은 선배와 대화하면 복잡한 생각이 조금은 정리되지 않을까 하는 기대가 있었다. 그녀는 시간을 내어 후배의 이야기에 귀 기울여주었다. 몇 가지 상황이 파악되자 망설임 없이 말을 시작했다.

"그런 걸 뭘 고민해. 그만두게 해야지. 마음 약하게 굴어서는 사업 못하는 거야. 앞으로 더한 일도 많을걸. 나도 예전에 말이야……."

그렇게 한동안 나는 수화기 너머로 열정적인 선배의 무용담을 들었다. 사업을 하다 보면 이상한 사람들을 수없이 만나게 되며, 또 좋은 마음을 악용하는 사람도 꼭 있기 마련이라는 값비싼 교훈들이었다. 그녀의 단호함과 배짱이 돋보였다. 근사하게 들렸지만 마음 한편으로 '나는 다른데?', '그 상황은 아닌데?' 하는 의문이 자꾸 일었다.

"네, 선배. 고마워요. 제가 더 고민해볼게요."

전화를 끊고서도 어쩐지 개운해지지 않았다. 오히려 선배가 말해준 것과는 모든 면에서 반대의 선택을 하고 싶었다. 애초부터 나는 '그 직원과 계속 일하고 싶은데……'라는 말을 하고 싶었던 것도 같다. 그러나 선배의 단호한 태도 앞에서 어쩐지 말이 나오질 않았다. 숙련자의 단단한 말들을 뚫고 어설픈 초심자의 속내를 드러내 보이기가 어려웠다. 누군가에게 자신의 고민을 털어놓을 때는 속으로 '이런 나를 어떻게 생각할까'라는 두려움을 가지기 마련이다.

사람은 어떤 대상을 이해할 때 구구단을 외우듯 하는 것이 아니라 작품을 감상하듯이 한다. 정해진 대로, 공식대로 받아들이는 것이 아니라 그것을 해석하는 자신만의 방식이 존재한다는 뜻이다. 그래서 같은 그림을 보고도 토끼를 찾아내는 사람이 있는 반면, 오리를 발견하는 사람도 있다. 모호한 긴 원 두 개를 귀로 읽기도 하고, 부리라 보기도 하는 것이다. 이는 우리가 외부의 자극을 수동적으로 받아들이는 것이 아니라, 자신이 이미 가지고 있는 현실에 대한 인식을 능동적으로 발휘한다는 사실을 보여준다. 자신만의 세상을 구성하는 존재, 인지과학자들은 이런 관점을 구성주의constructionism라고 부른다.

그러니까 선배가 건네준 해결책은 그녀가 구성한 세상에 관한 것이었다. 그것은 그것대로 괜찮았지만, 나에게 적용하자니 낯설고 불편했다. 선배는 자꾸 토끼라고 하는데, 나는 오리로 보이는 식이었다. 그녀가 '명확함'이라고 부르는 것이 나에게는 '냉정함'으로 들렸고, '원칙적'이라는 개념도 내게는 '경직성'으로 해석되었다. 이렇게 풀이식이 다르니까 결국 답도 달라질 수밖에 없었다.

내가 선배에게 '대화하고 싶다'던 말은 나를 좀 봐달라는 것이었다. 나는 지금의 문제를 어떻게 받아들이고 있는지, 직원과의 관계에서 무엇을 중요하게 생각하는지, 또 어떻게 해결해나가고 싶은지에 대해 내가 구성한 세상을 함께 나누고 싶었다.

사람을 제대로 보려면 내 일처럼 생각하지 않아야 한다. '내 일처럼 생각하지 않는다'는 말은 내 방식과 네 방식, 그리고 내게 중요한 것과 네게 중요한 것이 서로 다르다는 것, 그러니까 우리가 살아가는 주관적 현실이 서로 다름을 아는 것이다. 문제는 당사자가 해결할 일이고, 곁에 있는 사람이 할 수 있는 일이라곤 그저 그 사람을 조용히 바라봐주는 일임을 깨닫는 것이다.

그렇게 생각하면 대화의 방식도 달라질 수밖에 없다. 특히 남의 일에 조언을 할 때는 더욱 주의를 기울여야 한다. 조언은 상대가 원할 때만 하는 것이 좋다. 먼저 섣불리 나서면 오지랖이 된다. 그래도 조언해야겠다면 한 꼬집 정도가 적당하다. 알은체는 간이 센 조미료와 같아서 많이 하면 좋은 의도라는 본질을 해친다.

마지막으로 해결책을 제시할 때는 '나는 이렇게 했지만, 너는 다를 수 있어'의 구조로 하는 것이 낫다. 그것이 상대가 이미 구축한 세상에 대한 존중의 표현이다. 이런 까다로운 조건들에 비해서 우리는 평소에 조언과 충고를 너무 자주 한다.

나 역시 처음부터 쿨했던 것은 아니다. 아끼는 후배일수록 하나라도 더 알려주고 싶고, 말리고 싶고, 도와주고 싶었다. 내 일처럼 팔을 걷어붙이는 것이 의리나 애정이라고 믿었다. 혹여 나의 조언을 받아들이지 못하는 것 같으면 답답하고 실망스러웠다. 내 말을 들은 후배들은 대개 고개를 끄덕이며 "네. 고맙습니다, 선배님. 제가 더 잘해볼게요" 했다. 아마도 속으로는 지금의 나처럼 "그런데요, 선배님. 저는 좀 다른데요?"라고 말하고 싶었을 텐데 말이다. 그때는 거리 조절이란 게 잘 되지 않았다.

소중한 누군가와 멀어지고 나서야, 또 사람을 잃고 후회하는 사람들을 만나보며 그제야 깨달았다. 누군가를 아끼는 가장 귀한 방법은 상대의 세상을 먼저 바라보는 일이다. '고민 있어요'라는 말을 '나를 봐주세요'라고 번역해 들을 수 있으면 된다. '그럴 땐 말이야'라는 말을 아낄 줄만 알아도 반은 성공이다.

덧붙이자면, 이전에 내게 '쿨하다'며 못내 아쉬움을 드러냈던 친구는 10여 년이 흐른 뒤 어느 날 이렇게 말했다.

"고마워. 이래서 너한테는 어떤 이야기든 할 수 있나 봐. 가르치지도 비난하지도 않으니까. 나를 있는 그대로 드러내도 좋은 친구가 있다는 게 얼마나 소중한지 몰라."

나이가 들면서 건강한 거리감을 지키는 일이 더 어렵다. 한 심리학 연구에서 말했듯 나이가 들수록 고집이 세지고 공감력은 떨어지기 때문일지도 모르겠다. 소중한 이가 곁에 앉아 조심스레 고민을 털어놓을 때 '열정과 냉정 사이, 의도적 쿨함'을 추천하고 싶다. 마음의 거리는 한 걸음 떨어뜨리고, 그 사이로 다정한 질문을 건네는 것이다. 그 안전한 공간에서 사람을 비추는 질문과 답이 이어지면, 그 관계는 서로에게 깊은 의미를 새기게 된다.

앞서 소개한 친구, 남편, 선배와의 대화에는 몇 가지 공통점이 있다. 그들은 하나같이 나를 아꼈다. 힘들어하는 친구에게 공감하려 애썼고, 속상해하는 아내와 눈을 길게 맞추었으며, 경험이 부족한 후배를 위해 응원과 염려를 보냈다. 인맥 넓히기에 재능이 없는 내게는 귀한 사람들이다.

그때의 대화에서는 주로 '말해주기'가 사용되었다. 그들은 어떻게든 도움이 되는 말을 해주고 싶어 했다. 내 고민을 들은 이상, 어떤 말이든 해줘야 한다는 의무감을 느낀 것 같았다. 물론 나를 위한 공감과 격려의 말하기였지만 그 내용의 대부분은 그들의 생각과 느낌, 의견에 관한 것이었다.

반대로 대화에 없던 것이 한 가지 있는데, 바로 '질문하기'이다. 그들은 내게 질문을 하지 않았다. 공감의 퍼즐을 더 찾기 위한 물음을 던지지 않았고, 작고 소박한 위로를 위해 무엇을 물어야 하는지 몰랐으며, 조언하기 전에 질문을 통해 상대의 세상을 이해하려는 과정을 생략했다. 자신이 획득한 이해를 의심하거나 더 확인하지 않았다.

왜 그들은 질문하지 못했을까?

무엇보다 나를 잘 안다고 생각했기 때문일 것이다. 어떤 관계에 익숙해지면 매번 내비게이션을 켜고 대화하지는 않게 된다. 목적지를 염두에 두고 가면서 수시로 '이 길이 맞나?' 하며 전방을 살피지 않는다. 습관대로 정해진 길로 간다. 그래서 질문하기보다 말하기가 더 익숙하고 편해진다. 그러다 보면 대화는 더 이상 새로워지지 않는다.

사회 및 성격 심리학자인 윌리엄 이크스는 한 사람이 다른 사람이 하는 생각을 얼마나 정확하게 인지하는지에 관한 연구로 유명하다. 그의 연구에 따르면, 공감 정확도^{empathic accuracy}는 생각보다 높지 않다. 처음 보는 사람들끼리 대화하면서는 약 20%, 가까운 친구나 가족이더라도 약 35%에 그친다고 한다. 한 사람을 이해하는 데 있어 채 절반에도 미치지 못하는 수치다.

그렇다면 관계가 오래 지속될수록 서로의 말을 잘 이해하고 공감할 수 있을까? 아쉽게도 심리학 연구에서는 결혼한 지 오래된 부부일수록 서로의 마음을 읽는 공감 정확도가 떨어진다는 결과를 제시하고 있다. 그중에서 사회심리학자 클리퍼스 스웬슨과 그의 동료들은 논문을 통해 결혼한 지 오래된 부부일수록 서로를 모르며, '상대가 무엇을 느끼는지, 어떤 태도를 보일지, 무엇을 좋아하는지'에 관한 예측도가 더 떨어진다고 발표했다. 여기서 주목해서 봐야 할 포인트는 실험 참가자들이 자신의 공감 이해력이 부족하다는 사실을 의식하지 못했으며 인정도 하지 않았다는 점이다. 그들은 여전히 자신이 상대를 잘 알고 있다고 착각하고 있었다.

보통 관계의 초반에는 상대의 감정과 생각을 읽으려고 노력을 기울이지만 시간이 흐르면서 상대에 대해 잘 알고 있다고 스스로 믿게 된다. 그렇게 되면 점차 상대의 마음을 이해하기 위해서 질문하고 경청하며 관찰하는 수고로운 노력을 들이지 않는다. 그저 반사적으로 반응하게 되는 것이다. 호기심보다 걱정이 앞서고, 존중보다 관여가 자연스럽게 일어나면서 말이 많아진다.

만약, 앞의 대화들에서 '말해주기' 대신 '질문하기'가 오갔다면 어땠을까?

잘 아는 길이라고 방심하지 않으면서, 호기심과 존중이라는 쌍라이트를 켜고 그들이 먼저 내게 질문을 하며 다가와주었다면 대화는 어떻게 달라졌을까? 공감 정확도를 높이기 위한 세밀하고 다정한 질문이 오갔다면 관계에서 다른 무엇을 체험할 수 있었을까?

만약 친구가 강아지 이야기 대신 질문을 해주었다면 나는 내 안의 더 깊은 곳과 접촉할 수 있었을 것이다. "그 마음 알 것 같아" 대신에 "그런 순간에는 어떤 생각이 드는지" 물었더라면 적당히 숨겨두었던, 차마 어디서도 꺼내지 못했던 구체적인 두려움에 대해 고백을 해버렸을지도 모른다. 아이들이 잠들면 숨죽여 울던 소리 없는 울음을 오랜 벗 앞에서 마음껏 흘려내고 가벼워졌을지도.

"그런 순간에는 어떤 생각이 들어?
아이들 키우면서 가장 보람 있을 때는 언제였어?"

불안해하는 워킹맘에게 "그럼 아이들 키우면서 가장 보람 있을 때는 언제였느냐"고 질문해주었더라면 어땠을까. 다시 웃어 보였을지 모른다. 아직 눈물이 마르지 않은 얼굴로, 아이들로 인해 행복한 순간들을 꺼내어 보였을 것이다. 그러면 친구는 그저 고개를 끄덕이며 들은 뒤 "애썼네", "잘했다" 맞장구를 치며 나를 바라봐주고, 나는 친구에게 "네 덕분에 내 인생이 괜찮다고 느껴졌어, 고맙다"고 말할 수 있었을 것 같다.

남편과의 대화에서는 남편이 정치경제 상황에 대해 언급하는 대신, "당신은 지금까지 어떤 마음으로 책을 써왔어요?"라고 물어주었으면 했다. 그랬다면 지금까지 어떤 마음가짐으로 포기하지 않고 글을 써올 수 있었는지 스스로 정리할 수 있지 않았을까. 그러면서 내가 서 있어야 할 좌표를 되찾을 수 있었을 것이다.

"지금까지 어떤 마음으로 해왔어요?
지금 당신에게 필요한 게 뭐라고 생각해요?"

또 이어서 "지금 당신에게 필요한 게 뭐라고 생각해요?"라고 물어봐주어도 좋았겠다. 사람들은 이미 정답이 무엇인지 알면서도 투덜거리는 경우가 많다. 모르기 때문이 아니라 피하고 싶기 때문이다. "당신에게 필요한 게 무엇인가요?"라는 질문은 스스로 해야할 것을 직시하도록 돕는다. 그렇게 그가 나에게 생각할 기회를 주었다면 "흔들리더라도 지금처럼 매일 조금씩 해내는 것"이라고 답하면서 고개를 끄덕였을 것 같다. 그리고 그날 저녁, '진심 어린 질문은 이렇게 또 누군가를 제자리에 돌려놓는다'는 문장을 적어두지 않았을까.

　만약 선배가 내게 고민할 것 없다며 딱 잘라 말하는 대신, "너는 어떻게 하고 싶은데?"라고 먼저 물었다면 어땠을까. 사업하는 사람으로서 영리한 처신인 것 같지 않아서 말할까 말까 망설이던 속마음을 개봉했을 것 같다. 그래서 선배는 내가 무엇을 중요하게 생각하는 사람인지 더 알게 되고, 나는 그녀의 사업 수완뿐만 아니라 사람을 다루는 태도에 대해서도 감동하게 되지 않았을까 하는 즐거운 상상을 해본다.

　　"너는 어떻게 하고 싶어?
　　가장 걱정되는 게 뭐야?"

　또 그녀가 "그럼 뭐가 가장 걱정되는 거야?"라고 질문했다면, 그 물음은 내게 저울이 되어주었을 것이다. 마음 깊은 곳에서 충돌하는 생각들을 꺼내어 뭐가 더 무겁고 가벼운지, 또 옳거나 그른지 재어볼 수 있었을 것 같다. 직원과 함께하고 싶다는 의지와, 반면 그로 인해 생길 수 있는 염려들을 추에 올려놓고, 요리조리 따져보면서 머릿속을 정리할 수 있었겠다. 그럼 선배는 나를 단속하는 말을 하는 대신 "네 생각이 그렇다면, 한번 그렇게 해봐. 거기서 또 배우는 거지" 하면서 응원의 말을 해주거나 현실적인 조언 한마디를 건넬 수도 있었겠지 싶다.

말해주기와 질문하기. 우리는 대화에서 이 두 갈래 길 중 하나를 걷는다. 때로는 어깨가 축 처진 친구에게 "나도 그런 경험이 있었어"라며 대화의 방향을 전환하거나, 마음을 다잡는 데 도움이 될 만한 응원의 말을 해줄 수 있을 것이다. 혹은 반사적인 반응을 잠시 멈추고, 내 앞의 사람을 더 들여다보는 길을 선택할 수도 있다. 상대가 품고 있을 감정과 생각, 목표와 기대, 추구하는 삶의 방향과 방식, 그것이 무엇이든 조금 더 알아가고자 하는 마음으로 질문을 이어가보는 것이다.

말해주기와 질문하기 모두 우리 삶에 필요한 대화 기술이다. 그러나 갈수록 서로 앞다투어 '내 얘기 좀 들어봐'를 하느라 질문하기의 입지가 좁아지고 있다. 대화는 급하게 흘러가고, 이해는 점점 얕아진다. 그렇게 말로 가득한 세상 속에서 우리는 진짜 대화의 깊이와 재미를 잃어간다. 말 많은 세상에서 침묵이 귀해지듯, 저마다 말해주기 실력을 키우는 지금은 질문할 줄 아는 능력이 오히려 더 특별하게 빛난다.

질문하면 관계가 좋아진다

한 연애 예능 프로그램에서 여자 A가 남자 A에게 물었다. "나한테 궁금한 거 있어?" 그러자 남자 A는 "생각나면 물어볼게"라고 답했다. 이 장면을 지켜보던 패널들과 시청자들은 "뭐라고?!" 하며 경악하게 된다. 호감 있는 이성에게 질문이 없다는 대답이 기가 막혀서다. 아니나 다를까, 그 대화 이후 여자는 인터뷰를 통해 "진짜 나한테 호감이 있는 게 맞나? 전혀 느껴지지 않았어요"라고 말하며 혼란스러워했다. 상대가 자기 이야기만 할 뿐 자신에 대해 궁금해하지 않는다고 느낀 것이다.

상대적으로 다른 분위기의 여자 B와 남자 B도 있었다. 당시에 현실 커플로 짐작되는 커플이었다. 둘 다 매력적인 사람들이라 인기도 있었지만, 방송이 끝나고 그들의 대화 장면이 미방영분으로 나왔을 때 사람들은 이것이야말로 커플 바이브라며 반겼다. 영상 속의 남자 B는 여자 B에게 물음표가 많았다.

"옛날 이야기 좀 해줘. 너는 학창 시절에 어떤 아이였어?"

그들은 날이 새도록 서로에게 질문을 주고받았다. 그렇다. 관심 있는 상대에게는 질문이 없을 수 없다. 질문은 누군가를 좋아한다는 표현이다. 다시 말하자면 관심 없는 대상에게는 질문하지 않는다. 당신도 누군가의 일상이, 저녁 메뉴가, 좋아하는 색깔이 궁금했던 때가 있었을 것이다. 그것은 계산에 의한 것이 아니라 더 알고 싶고, 이해하고 싶은 마음의 파동이다.

1995년, 뉴욕 주립대학교의 부부 연구심리학자 일레인 애런과 아서 애런은 사람을 서로 가까워지게 하는 기술은 무엇인지 확인하고 싶었다. 그래서 300명의 연구 참여자들을 모은 후, 서로 알지 못하는 두 사람을 의자에 앉혔다. 그리고 몇 가지 질문을 번갈아가면서 주고받게 했다. 60분의 대화가 끝나고 참가자들은 각자 집으로 돌아갔다. 연구자들이 7주 후에 다시 조사했을 때 짝을 지어 대화했던 사람들 중에서 57퍼센트가 며칠 또는 몇 주 안에 서로 연락을 주고받았고, 그중 한 쌍은 결혼까지 했다.

연구자들은 자신의 실험들 중에서 낯선 사람들이 서로 가까워지는 데 도움이 된 방법은 단 한 가지밖에 없었다고 말한다. 그것은 바로 '지속적이고 확장적이며 상호적이고 사적인 자기 폭로를 이끌어내는 36개의 질문'이었다. 그들은 질문을 통해 서로의 생각, 신념, 가치관, 의미 있는 경험을 나누었고, 그것은 감정적인 교류를 만들어냈다. 자신의 취약함을 드러내기도 하고 또 상대의 것에 공감하기도 하면서 감정의 전염을 경험한 것으로 설명된다. 이는 한 사람의 일방적인 질문이 아니라, 서로 질문이 오가며 상호 작용할 때 효과가 있었다.

질문은 낯선 사람과 가까워지기 위한 가장 효과적이고도 경제적인 방법이다. 동시에, 오래된 관계 속에서 오가는 질문은 상대를 새롭고 입체적으로 바라보게 하며, 그 관계에 다시금 재미와 깊은 이해를 불어넣는다.

20년지기 친구에게 "내가 처음 너에게 말을 걸던 날, 넌 어떤 생각이 들었어?"라고 물었을 때 "나한테 왜 저러나 싶었다"는 답을 듣고 한참을 웃었다. 풋풋했던 20대의 시절, 그때는 차마 솔직할 수 없었던 판도라 상자가 열리면서 우리는 서로 얼굴이 붉어질 때까지 신나게 떠들어댔다.

또 여든을 바라보는 노모에게 "엄마의 마흔은 어땠어요?"라고 물었을 때 평소와 사뭇 다른 분위기가 이어졌다. 빛나던 엄마의 마흔 시절과, 어느 새 자란 딸의 마흔살이에 관해 이야기하며 서로를 향해 한 발 더 다가갈 수 있었다. 이처럼 질문을 던져보면, 우리는 종종 가장 가까운 누군가에 대해서도 제대로 알지 못했다는 사실을 깨닫게 된다.

우리 몸의 피부 세포는 28일마다 바뀌고, 적혈구의 피는 120일마다 바뀐다는 기사를 본 적이 있다. 1년 전의 나와 지금의 나는 사실상 다른 사람이라는 설명이었다. 사람의 마음이라는 것도 마찬가지다. 어제와 오늘이 같지 않다. 취향과 선호가 바뀌어가고, 알 수 없는 계기로 이전과는 다른 결심도 하게 된다. 21일 동안의 꾸준한 연습을 통해 새로운 습관을 갖게 되기도 하고, 어떤 소용돌이에 휘말리고 나면 생각의 지각 변동이 일어나 삶의 전제와 가정이 달라지기도 한다. 그러나 가까운 사람들은 오히려 이러한 변화에 무디다. 부모가 자식이 자라는 속도를 가장 모르고, 남편이 달라진 아내의 취향이나 입맛을 알지 못한다.

그래서 꾸준히 묻고 들어야 한 사람의 변화 속도를 겨우 따라잡을 수 있다. 질문하지 않으면 이미 낡아버린 예전의 데이터로 대화하게 되고, 결국 상대는 '너는 나에게 관심이 없다', '너는 나를 이해하지 못한다'고 느끼게 된다. 질문은 가까운 사람들의 곁으로 더 깊게 들어가는 문을 열어주는 열쇠와 같다. 서로 묻는 관계만이 현재에 존재할 수 있다. 질문이 사라진 관계는 과거만 반복하는 지루한 사이가 되어버린다.

이처럼 질문은 서로 모르는 사람을 친해지게 하고, 오랜 관계를 견고하게 하는 데 유용한 대화법이다. 누군가를 향한 질문을 계속하고 있다면, 당신은 사람을 향한 호기심과 애정을 키워가는 중일 것이다. 반대로 당신의 대화에서 질문이 멈추었다면 누군가를 더 알고 싶지 않아졌거나, 굳이 더 관심을 키울 이유가 없다는 말과 다름없다. 그로 인해 삶이 이전보다 더 덤덤하거나 외로워졌을지도 모른다.

질문은 존중의 표현이다

누군가의 질문이 오래도록 기억에 남을 때가 있다. 더 거창하게 말하자면 그 질문으로 인해 이전의 나와 이후의 내가 갈리기도 한다.

한 토크쇼에서 유해진 배우는 어떤 사람을 만나는지가 정말 중요한 것 같다면서 서울예술전문대학 시절을 회상했다.

그 이전까지 그가 연극을 배우는 동안에는 기죽고 주눅들 일이 많았다고 한다. 대부분의 선배들은 "이렇게 움직여. 다섯 발자국 가서 대사하라고…… 야!" 하는 식으로 후배들이 무엇을 해야 할지, 혹은 하지 말아야 할지를 일일이 정해주었다. 선배의 의중을 이해하지 못할 때는 여지없이 혼이 났고, 그러면 연기는 더 엉망이 되어버렸다.

알려준 대로 따르던 방식에 익숙했던 유해진 배우는 한 교수님의 연극 실습 수업 중에 "그 다음에는 어떻게 해야 하죠?"라고 물었다고 한다. 정답은 교수에게 있다고 생각했기 때문이다. 그런데 교수님은 여느 선배들처럼 답을 해주는 대신 다음과 같이 물었다.

"해진이는 그 대사를 하면서 어디로 가고 싶어?"

살면서 그런 질문은 처음 들었다고 했다. 처음에는 '아니…… 내게 이런 질문을 한다고?' 싶어 당황스러웠다. 그러면서도 질문에는 갈고리 같은 힘이 있어 저절로 멈추어 생각해보게 되었다. 이내 "이 사람이라면…… 이렇게 가까이 가서 말할 것 같아요"라고 자신의 의견을 말했다. 교수님은 "그래, 그게 블로킹*이야"라고 답하며 그의 견해를 수용했고, 그렇게 그들은 '대화'를 이어갔다. 한 사람이 일방적으로 말하는 힘의 대화가 아니라, 서로 주고 또 받는 동등한 상호 작용 말이다.

유해진 배우가 학생이던 시절, 교수가 학생에게 질문하고 답을 기다린다는 것은 흔치 않은 일이었다. 지금도 여전히 힘, 권력, 경험, 돈, 지위를 가진 사람들은 상대적으로 그렇지 않은 사람에게 덜 질문하는 경향이 있다. 그 안에는 '질문해서 뭐해? 뻔한데', '괜히 불편하게 뭐', '서로 시간 낭비하지 말자'와 같은 무시와 무관심, 일방적인 배려가 숨어 있다. 그러나 그것은 진정한 의미의 존중이 아니다.

김애란 작가의 소설 중《빗방울처럼》에는 이런 내용이 있다. 전세 사기에 남편의 죽음까지 감당하기 힘든 일을 연달아 겪은 주인공은 세상으로부터 철저하게 외면받고 있다고 느낀다. 아무도 '무슨 일이 있었냐'고 묻지 않고, 무신경하거나 혹은 주인공을 안쓰럽게 여기며 쉬쉬할 뿐이다. 그러던 가운데 한 외국인 노동자가 건넨 "무슨 일 있었습니까?"라는 말 한마디에 주인공은 비로소 살고 싶어진다. 그제야 자신이 그 질문을 얼마나 듣고 싶었는지 깨닫는다.

• 블로킹 : 연극 무대에서 배우들의 동선과 위치를 정하는 일

"무슨 일 있었습니까?"라는 질문이 그토록 절실하게 와 닿았다는 대목에서 나는 우뚝 멈추어 섰다. 그리곤 나도 모르게 지나쳤을 질문의 순간에 대해서 생각했다. 그것은 진심 어린 존중과 배려였나, 습관적인 지레짐작이나 편견은 아니었을까.

진짜 존중은 상대의 경험을 가볍게 치부하지 않는 것이다. '아직 잘 모르니까', '그건 당연히 이렇게 해야지', '딱 보니 알겠구만' 하는 식으로 상대를 단정 짓지 않는다. 오히려 곁에 앉아 '무슨 일이 있었느냐'고, '당신은 어떻게 생각하느냐'고 의도 없이 묻는다.

질문은 상대를 향한 존중의 표현이다. 의견을 먼저 묻는 것은 상대가 가진 경험에 귀 기울이고 속도를 맞추려는 배려이다. 지금의 대화는 당신이 알고 있는 것부터 출발하자는 신호이다. 존중과 배려가 담긴 질문은 상대를 공격할 의도가 없다. 그래서 질문받은 사람이 스스로 생각하게 한다. 밖에서 주입하는 것outside in이 아니라, 그 사람이 이미 가진 무엇인가를 꺼내도록 만든다inside out.

⌣ 질문은 사람을 변화시킨다

우리는 누구나 특정 신념과 편견, 가정과 전제라는 프레임을 갖고 살아간다. 무의식적으로 그것에 기반하여 판단하고 행동하는데, 살다 보면 기존의 고정된 틀이 더 이상 유효하지 않을 때가 있다.

예를 들어 '성공하지 않으면 다 소용 없어'라는 신념을 가진 사람이 있다고 해보자. 한때 그러한 믿음은 성취 지향적인 삶을 살도록 도와주었을 것이다. 그러나 모든 일에 성공하는 사람은 없다. 나이가 들고 책임져야 할 일이 많아지면서 기존의 프레임에 따라 사는 것이 버겁고 괴로워진다. 고정관념이나 생각의 패턴에 변화가 필요한 시기가 온 것이다.

'과정에서도 즐거움을 찾자' 혹은 '일의 성공 여부가 나의 정체성이 될 수는 없어'라는 프레임으로 업데이트한다면 삶의 긴장도와 경직성이 한결 완화될 것이다. 평소의 말과 행동이 이전보다 부드러워지고, 관계도 더 편안해질 수 있다.

그럼에도 스스로 자기 신념과 편견, 고정관념을 평가하고 바꾸기는 어렵다. 머리로는 안다고 해도 기존의 프레임을 포기하고 새것을 받아들이는 과정은 불편하고 두렵기만 하다. 특히 누군가 그 문제를 아는 체하며 지적하고, 옳은 말로 가르치려 하면 마음은 재빨리 방어적인 태세를 취하며 밀어내기 급급해진다.

“참 좋은 이야기지만 나한테는 해당이 안 돼.”

“네가 잘 몰라서 그러는 거야.”

“이제 너무 늦었지, 뭐.”

이럴 때 가장 하지 말아야 하는 일은 ‘말해주기’로 힘을 가하려는 시도이다. ‘스스로를 왜 저렇게 힘들게 만들까’ 싶더라도 성급하게 설득하지 말아야 한다. 그럴수록 상대는 견고한 껍질 속으로 움츠러들어 자신의 프레임을 고수하려 든다. 위협을 느끼는 상태에서 남이 건넨 충고는 들리지 않는다. 도리어 공격이나 비난으로 와전되기 쉽다.

이때 질문은 사람을 변화시키는 강력한 도구가 된다. 질문은 무의식적인 자동 조종 장치를 뛰어넘어 스스로 성찰하도록 돕는다. 불필요한 방어기제를 자극하지 않으면서 자신의 생각에 의문을 품게 하고, 다시 재고하는 기회를 주는 것이다. 질문은 따가운 질책 없이 자연스럽게 배움을 건넨다. 스스로 멈춰 선 지점에서 깨닫는 ‘아하!’는 곧 의미 있는 변화로 이어진다.

“네 잘못이잖아. 앞으로는 그러지 마!”라고 말하는 것보다 “다음에 다시 한다면 어떻게 다르게 하고 싶어?”라는 질문이 변화에 도움이 된다. “너 때문에 많은 사람이 곤란해졌어!”보다는 “네 행동이 다른 사람들에게 어떤 영향을 미쳤을까?"라고 물을 때 상황을 보는 시야가 넓어진다.

예전에 대학원에서 석사 과정을 하고 있을 때였다. 식사 자리에서 평소 좋아하던 교수님께 "공부를 해도 해도 코칭이 어렵다"며 볼멘소리를 늘어놓은 적이 있다. 그때 교수님은 "답을 줄까요? 아니면 질문을 해줄까요?"라고 물으셨다. 흥미로워진 나는 "질문해주세요!"라고 답했고, 교수님은 "지금 자신을 묶고 있는 것이 무엇이라 생각합니까?"라는 질문을 건네셨다. 스승은 혈기 넘치는 제자의 부족한 부분을 꼬집거나 조언하지 않았다.

질문은 이렇게 순식간에 주체를 바꾼다. 상대의 입이 아니라, 나 자신을 보게 한다. 나는 교수님이 건넨 질문에 대한 답을 찾기 위해 내 안의 어딘가를 뒤적거리다가 문득 '너무 조급해하고 있다'는 사실을 알아차렸다. 그러자 '빨리 능숙해지고 싶은 거지. 하지만 무엇이든 시간이 필요하잖아. 나에게 시간을 더 주자'라는 혼잣말이 수면으로 떠올랐다.

"네, 저를 묶고 있는 것은 제 급한 마음이었어요. 지금처럼 열심히 하면 될 것 같아요!"

교수님은 미소를 지으셨다. 만약 교수님이 "너무 잘하려고 하지
마. 찬찬히 단계를 밟아"라고 말해주셨다면 일단 고개를 끄덕였겠
지만 속으로는 다른 생각을 했을 것 같다. '교수님이 모르셔서 하
는 이야기야' 혹은 '저한텐 그렇게 시간이 많지 않다고요!' 하지 않
았을까. 그러나 좋은 질문을 던질 줄 아는 어른은 제자에게 질문으
로 믿음을 보여주셨다. 그리고는 "맞아, 내가 봐도 잘하고 있어요"
라며 격려 한 스푼을 더해주시는 것으로 충분했다. 가장 좋은 설득
이란 스스로 생각하고 답하게 하는 것임을 깨닫는 순간이었다.

이처럼 질문은 관계를 이어주고, 상대에게 존중의 표하는 최고
의 언어이며, 누군가를 깨어나게 하는 힘을 가진 도구다. 평생 모르
고 살면 그렇게도 살아지지만, 한번 질문의 힘을 경험하고 나면 멈
출 수가 없다. 계속 더 잘하고 싶어진다.

이렇게 유용한 기술을 잘 사용하기 위해서는 무엇보다 말을 멈
추는 브레이크부터 장착할 필요가 있다. 먼저 말을 덜어내야 질문
이 들어설 자리가 날 테니 말이다.

"만나면 자기 말만 해요. 내 얘기는 듣지도 않고."

상담실에서는 위와 같은 고민을 자주 듣는다. 직장 동료나 친구와의 대화를 나눌 때 온통 자기 말만 하는 사람을 만나면 기가 빨리고 지쳐버린다고 말이다. 많은 사람이 자기 말을 하느라 질문을 하지 못한다. 발언권을 움켜쥐고 상대에게 넘기지 않으려고 한다. 누군가 자신의 이야기를 좀 꺼내려 하면 "그 말 들으니까 나도 그 생각이 난다" 하면서 말을 자신 쪽으로 돌려버린다.

개인의 차이는 있겠지만, 질문이 어려운 가장 확실한 이유는 인간은 말하기를 좋아한다는 데 있다. 사람은 자신이 느낀 것, 생각하는 것, 경험한 것, 새롭게 알게 된 것을 타인에게 언어로 전달할 때 강렬한 감정을 경험한다. 하버드대학교의 심리학과에서는 자기 자신에 대해 말하는 것이 두뇌의 쾌락 중추를 활성화시킨다는 사실을 발견해냈다. 연구자들은 실험에서 참가자들이 자신에 대해 이야기할 때 돈을 받거나 맛있는 음식으로 보상받은 것처럼 기분 좋은 상태가 된다는 사실을 확인했다. 앞으로 대화 중에 말을 독점하는 사람을 보면, 쉴 새 없이 자기 뇌의 쾌락 중추 버튼을 누르는 모습을 상상해보면 어떨까.

말하기를 멈추고 "너는 어때?"라는 질문을 꺼내기 위해서는 도파민 자극보다 더 큰 동기가 필요하다. 상대에게 말하는 기쁨을 양보할 정도의 선의나 목적이 있어야 한다. 나는 그것을 관계 안에서 찾을 수 있다고 믿는다. 이는 내가 말해주기 대신 질문하기를 했을 때 어떤 일이 일어나는지, 상대에게 내가 어떤 존재감으로 남게 될지 알면 비로소 가능해진다.

이번 연휴 때 예정된 가족 여행에 대해 자랑하는 대신 "이번 연휴는 어떻게 보내고 싶어요?"라고 동료에게 물으면 나는 그 사람에게 유한한 시간에 대해 생각해보게 하는 사람이 된다. 같이 일하는 선배 때문에 힘들다고 투덜거리는 친구에게 내 상사는 더 심하다며 상대의 고민을 덮어버리는 대신 "너는 어떤 선배와 일하고 싶은데?"라고 물으면 다른 관점에서 현재를 바라보게 도와주는 현명한 친구가 된다.

말을 잘한다는 건 대화의 목표를 기억하고 그것에 맞게 말하고 듣는 행위를 뜻한다. 위로의 대화라면 스스로 마음의 찌꺼기를 뱉어내도록 하면 될 일이고, 문제 해결의 대화라면 그 일을 할 사람의 입장에서 대안의 장단점을 따져보고 방법을 찾게 도와주면 된다. 대화의 목표를 모르는 사람은 자신만 말하는 기쁨을 충족하려 한다. 그 사람에게 말은 관계가 아니라, 자기만족의 도구가 된다. 말을 참아내는 데 있어 '사람'이 동기가 되지 못하는 것이다.

말을 멈추지 못하는 또 다른 이유 중의 하나는 예측 가능성 때문이다. 인간의 뇌는 예측하는 방식으로 세상을 탐색하고 신체를 제어한다. 뇌는 불안정한 요소를 빨리 해소하여 몸의 안전과 안정을 도모하는 것을 최우선으로 여기기 때문에, 모호한 자극과 맞닥뜨릴 때 어떻게 해서든 다음에 무엇을 할지 파악하려 한다.

따라서 상대의 말을 들을 때 깨끗하게 비어 있는 상태에서 듣기가 어렵다. 이미 자신이 가진 경험과 기억을 소환하여 상대의 말을 짐작하고 그것에 맞추어 반응을 이미 준비하게 된다. 특히 모호하고 잘 이해되지 않는 어떤 정보를 듣게 될 때 "그건 아니지", "이렇게 하면 될 텐데?" 하면서 자신의 예측을 검증하기 위한 방향으로 대화를 이끌어가기 쉽다. 상대의 이야기 속에서 길은 잃은 채로 호기심을 키우면서 이를 확장하는 방식으로 질문하지 못한다.

이를테면 A가 다른 친구 B에게 돈을 빌려줬는데 아직 돌려받지 못했다고 말했다고 하자. 이는 주변 사람들의 걱정과 불안을 자극한다. 그 이야기를 들은 A의 친구 C는 예측 시스템을 풀가동하게 된다. 자신의 경험에 따르면 B와 같은 친구는 절대로 돈을 갚은 전적이 없다는 가설을 세우고, 그럴수록 거칠게 나가야 한다고 조언한다. "나도 경험해봐서 아는데, 그런 애들한테는 세게 나가야 해! 작정한 거라니까!"

반면 친구 D도 걱정되기는 마찬가지다. 자신도 돈 문제로 친구와 껄끄러워진 경험이 있다. 그러나 예측하기를 멈추고, "너는 어떻게 하고 싶어?"라고 물어본다면 어떨까. 그러면 "빌려줄 때부터 돌려받지 못할 수도 있다는 거 알고 있었어"라는 말을 듣거나, "나도 예전에 돈 때문에 힘들어본 적이 있거든. 그 친구도 많이 힘들 거야"처럼 예상과는 전혀 다른 답을 듣게 될 수도 있다. 우리의 뇌는 예측과 다를 때 무엇인가를 배운다. 세상이 다 내 생각 같지 않다는 것을 알게 되면서 새로운 경험과 개념을 익힌다.

질문을 멈추지 않는 사람은 늙지 않는다. 배우면서 기존의 지식을 수정하고 관점을 넓힐 수 있다. 그러나 경력이 쌓이고 선배가 되어갈수록 자신의 예측을 의심하지 않는 사람들이 있다. 묻지도 않고서 "그럴 리가 없는데?", "이게 분명히 맞아!"라고 주장하는 고집스러운 이들 말이다. 꼰대란 바로 이런 사람들이다. 나이가 많아서 꼰대가 아니라, 자신의 예측을 지나치게 확신하는 사람들이야말로 대화가 막힌 자들이다. 아쉽게도 남들은 아는 사실을 자신만 모르는 듯하다.

질문하지 못하는 세 번째 이유는 '너보다 내가 낫다'는 계산 착오 때문이다. 사람들은 때때로 우월감 환상illusory superiority 속에서 살아간다. 자신이 적어도 평균 이상의 사람이고, 무리 중에는 더 괜찮은 편에 속한다고 생각한다. 또한 내가 한 일에 대해서는 좀 더 크게 부풀려서 평가하고, 어떤 일에 실패했을 때조차 동기와 의도에 대해서는 좋게 평가한다. 이는 우리의 자존감을 지켜주고 행복감을 높이는 데 도움이 되지만 '상대가 나보다 부족하다, 혹은 모른다'라는 섣부른 믿음으로 이어져 간섭과 가르치기를 불러올 수도 있다.

한창 유튜브와 블로그 활동에 열을 올리던 지인 한 명이 있었다. 그는 줄곧 주변 사람들에게 유튜브와 블로그를 통한 수익 창출에 대한 조언을 해왔다. 그럴 때마다 나는 이전에 잠시 운영했을 때 그 과정이 좀 힘들었노라고, 무엇보다 지금은 다른 우선순위들이 있어서 여의찮다고 답했다. 그러다 어느 날의 대화에서 일어난 일이다.

신간이 출간되어 홍보 활동을 하던 중에 그 지인도 함께하는 모임을 가졌다. 각자 근황을 나누던 중에 나는 "갈수록 책 홍보할 때 힘드네요"라는 말을 했다. 그러자 그는 기다렸다는 듯이 "그러니까 유튜브를 하라니까요!"라며 말을 박차고 나섰다.

나는 속으로 작은 한숨을 몰아쉬었다. 그러는 사이에도 그는 계속 말을 이어갔다. 이전보다 업그레이드된 지식으로 유튜브 생태계를 훑고 있었다. 내가 마케팅에 관해 잘 몰라서 그런 것이라 짐작한 것 같았다. 내가 무엇을 모르고 어디까지 아는지, 혹시 그 개인적 우선순위라는 것이 무엇인지는 별 관심이 없어 보였다. 그의 말에는 그의 경험을 돋보이게 하는 수식어가 많았다.

유튜브를 개설하고, 촬영해서 영상을 올리고, 구독자의 피드백을 받고, 그것을 지속한 일은 내 일이다. 또한 존속 여부에 관해 가장 고민해본 사람도 나일 것이다. 이를 존중하는 사람이라면 다짜고짜 조언부터 던지는 게 아니라 질문을 했어야 한다. "지금은 어떻게 홍보하고 있으세요?" 혹은 "앞으로 어떻게 하고 싶으세요?"라는 식으로 말이다. 최소한 "유튜브를 할 때 어떤 점이 가장 힘드셨어요?"라고 확인해보고 첨언해도 늦지 않다. 그러나 사람들은 신기하게도 상대가 이미 가진 지식과 경험의 정도를 쉽게 간과해버린다.

이와 비슷한 현상으로 '상대에 대해 성급한 결론 내리기' 역시 질문하기를 방해한다. 누군가의 에피소드를 들으면서 "아, 어떤 사람인지 알겠다"든가, "그 사람이 어떻게 자랐는지 다 보인다"는 식으로 반응하는 사람이 있다. 이는 협소한 자기 프레임의 한계를 보여준다. 이런 틀에서 타인을 바라보면 더 물을 게 없고 자신의 말만 많아질 수밖에 없다.

그러나 이런 사람 대부분이 반대로 누군가 나에 대해 "아, 네가 어떤 환경에서 자랐는지 알겠다"라고 말하면 기분 나빠한다. 그러면서 '나에 대해서 뭘 아느냐'고 반응하는 경우가 많다. 즉 나는 복잡한 사람이기 때문에 다른 사람이 쉽게 이해할 수 없지만, 나는 다른 사람을 비교적 빨리 파악할 수 있다고 믿는 것이다.

한 사람이 특정 행동을 하는 데는 수많은 이유가 있으며 그것을 제3자가 간파하기는 어렵다. 개인적 특성, 환경, 의도와 맥락을 고려하지 않으면서, 자신의 시각에서 보이는 대로 쉽게 말하는 것은 경솔한 행동이다. 우리는 누구도 다른 사람이 나를 단번에 파악하려드는 것을 원치 않는다.

최근 들어서는 집중력에 대한 문제도 빼놓을 수 없다. 자동적 반응 양식으로서의 말하기를 멈추고, 생각을 정리해서 상대에게 질문을 던지는 과정에는 주의 집중과 알아차림이 요구된다. 그러나 갈수록 한 번에 하나씩 집중하는 일이 어려워지고 있다. 핸드폰으로 주의가 분산되기도 하고, 이전보다 대화의 속도가 빨라졌으며 주제를 깊이 있게 파고들지 못하고 수시로 화제가 바뀐다.

빠른 속도는 적은 이해를 뜻한다. 인간이 정보를 흡수하는 속도에는 최대 한도가 존재하기 때문에 빠르게 말하고 다음 주제로 넘어가는 일은 이해를 방해한다. 주제가 복잡해지고 무거워지면 이내 대화를 포기하기도 한다. 즉 질문을 멈추어버리는 것이다.

우리의 뇌는 멀티태스킹에 서툴다. 인지 능력에는 한계가 있어, 동시에 한두 개의 생각밖에 하지 못한다. 겉으로는 여러 일을 함께 하는 것처럼 보여도, 실상은 집중을 빠르게 교차하며 전환될 뿐이다. 그리고 전환의 순간마다 에너지가 손실된다. 그럼에도 우리는 여전히 대화 속에서 끊임없는 주변의 자극에 주의를 빼앗긴다. 갈수록 질문과 경청이 어려워진다.

나 역시 몸이 피곤하거나 정신이 산란한 날에는 도무지 질문에 집중할 수가 없다. 유독 어두운 낯빛으로 뭔가 더 이야기하고 싶어 하는 남편의 말을 은근슬쩍 잘라낼 때도 있다. '다 잘 될 것이다'라는 의미 없는 말로 마무리짓거나, '저녁은 뭐 먹을까' 하는 실용적인 화제로 대화의 방향을 돌리기도 한다. 확실히 '질문하고 듣기' 세트는 심신에 여력이 있어야 가능한 일이다. 말하는 일보다, 말을 기다리는 일에 더 많은 체력과 기력이 든다.

마지막으로 우리가 말을 멈추지 못하는 이유는 말하기 외에 다른 대안을 알지 못하기 때문일지도 모르겠다. 상대에게 진심이고 일에 열심일수록 말이 많아지는 사람들이 많으니 말이다.

며칠 전, 운동을 다시 시작할까 싶어 헬스 PT 상담을 갔다. 집과 가까운 위치도 마음에 들었고, 세련되고 깔끔한 시설과 관장의 부담스럽지 않은 태도도 안심이 되었다. 다만 아쉬웠던 것은 관장이 '말해주기'를 하느라 '질문하기'를 빠뜨렸다는 점이다.

나는 이 헬스장만의 차별화된 프로그램과 선생님들의 화려한 경력, 그리고 다른 센터에서 일어나는 문제와 불합리에 대한 설명을 들었다. 그중 일부는 이미 알고 있었고, 어떤 것은 관심이 일지 않았다. 그럴 때면 멍하니 태블릿 위에 떠오른 빼곡한 글자들을 보면서 '지루하다'는 생각을 했다.

관여도를 높이려면 고객이 더 말하도록 해야 한다. 여기가 운동만 잘 가르치는 것이 아니라, 사람의 마음도 헤아리는 공간이라고 느끼게 하려면 고객이 스스로 이야기를 풀어내게 하는 질문이 훨씬 효과적이다.

이를테면 이전에 운동은 어떻게 했는지, 어떤 점이 도움이 되었거나 아쉬웠는지, 새로 운동을 시작하기로 마음먹은 이유는 무엇인지, 새로운 센터에 거는 기대와, 운동할 때 세밀하게 배려받고 싶은 부분은 무엇인지를 먼저 물어주었다면 좋았겠다. 이는 관계에 도움이 될 뿐만 아니라 고객에게 더 맞춤화된 운동 프로그램을 설계하는 데도 실질적인 유익이 된다.

관장은 단지 질문하는 방법을 몰랐을 뿐이다. 그의 진솔하고 젠틀한 말과 행동에서 그것을 느낄 수 있었다. 돌아보면 우리 모두 크게 다르지 않다. 지금까지 말을 멈추고 고요함 속에서 머무는 법, 말해주기 전에 질문을 먼저 던지는 법, 상대의 말 속에서 숨겨진 의도를 알아듣는 법을 배우거나 훈련할 기회가 없었을 것이다. 그런 교육 과정이 없었을 뿐 아니라, 부모, 선생님, 선배 역시 좋은 모델링이 되어주지 않았다. "너는 어떻게 생각하니?"라거나 "너라면 어떻게 할 것 같니?"와 같은 질문을 들으며 자란 사람은 그리 많지 않다.

이쯤 되면 질문할 줄 아는 것이 왜 이리도 귀한 능력인지 느낄 수 있을 것이다. 대화에 분명한 목적을 가진 사람, 관계를 소중하게 돌보려는 사람, 배움을 통해 자신의 삶을 확장해나가는 사람, 상대를 존중할 줄 아는 사람, 지금 이 순간의 대화에 집중할 줄 아는 사람, 무엇보다 새로운 대화 기술을 익히려 노력하는 사람만이 말해주기 대신 질문하기를 사용할 수 있다.

이런 사람은 결국 더 큰 것을 얻는다. 질문을 내어주고 사람을 얻는다.

30대 남성 J. 그는 일의 특성상 비즈니스 파트너를 자주 만나기 때문에, 지금보다 더 매력적인 대화 방법을 배우고 싶다며 나를 찾아왔다. 우리는 우선 매력적인 대화란 무엇인지에 대해 이야기를 나누었고, 나는 그에게 구체적인 상황 한 가지를 제시했다.

"여기, 내가 잘 보여야 하고 강력하게 어필하고 싶은 고객사 대표가 있다고 해볼게요. 그 사람을 처음 만나서 10분 내에 나를 괜찮은 사람으로 느끼도록 만들어야 합니다. 이때 어떻게 대화를 시작하겠어요?"

그는 칭찬으로 시작하는 것이 좋겠다고 했다.

"회사 규모가 상당하네요. 대단하세요."
"칭찬으로 시작하고 싶군요. 만약 질문으로 대화를 이어간다면 어떤 질문이 좋을까요?"
"글쎄요…… 요즘은 회사 운영하시면서 어떤 고민이 있으세요?"
"네, 좋은 시작이네요. 또 다른 질문은요?"
"어! 근데 10분 밖에 없는데…… 아직 저를 어필하지 못했는데요!"

우리가 유심히 살펴야 하는 지점은 바로 마지막 말에 있다. 그는 상대에게 나를 어필하는 것과 질문하는 것을 별개의 문제로 보았다. 상대에게 매력을 보여주려면 내가 가진 장점이나 매력을 보여주고 들려줘야 한다고 믿고 있던 것이다. 그러나 정작 그렇게 말하고 돌아서면 '아, 내가 오늘 말이 또 많았나?', '또 혼자만 말했네' 하고 후회가 몰려오기 일쑤다.

관계에서 영향력을 미치는 방식에는 두 가지가 있다. 하나는 '끌어가기heading'이다. 끌어가기는 내가 가진 능력을 다른 사람 앞에서 발휘함으로써 변화를 일으키는 방식이다. 즉 내가 얼마나 괜찮은 사람인지, 혹은 내가 가져온 기회가 당신에게 얼마나 유용할지를 어필하기 위해 설명하고, 설득하고, 개입한다.

또 다른 영향력의 방식으로는 '촉진하기facilitating'가 있다. 촉진하기는 직접 나서서 말하거나 보여주는 대신 질문과 경청을 한다. 상대가 생각하고, 느끼고, 말하게 하는 것이 더 좋은 결과를 만들 수 있다고 가정하는 방식이다. 이때의 나는 설득하려는 자가 아니라, 파트너로서 지원하는 사람의 역할을 수행한다.

⌣ 끌어가기heading vs. 촉진하기facilitating

우리는 어떤 사람에게 더 매력을 느낄까?
다음에 또 만나서 대화하고 싶은 사람은 누구일까?

성장이나 변화를 논하기 어려울 만큼의 위기 상황이거나, 한쪽이 절대적 우위를 점하고 있는 경우에는 끌어가기가 유용하다. 난세에는 영웅이나 슈퍼스타가 필요한 법이다. 그러나 생존의 시대가 끝나고, 상호 존중과 협력이 요구되는 관계에서 끌어가기는 그다지 힘을 발휘하지 못한다.

앞서 살펴보았듯이 사람들은 대체로 상대의 말을 듣기보다 내가 말하는 것을 더 즐긴다. 남의 이야기를 들으며 집중력을 유지하기도 쉽지 않다. 무엇보다 선택권 없이 들어야 하는 상황, 즉 강요받는 느낌을 좋아하는 사람은 없을 것이다. 같은 말을 반복하며 자신을 드러내려는 사람에게는 오히려 반감을 품기도 한다. 진짜임을 강조하는 사람은 진짜가 아닌 것 같다고 느껴서다.

매력적으로 대화하는 사람이 되고 싶다면, 촉진하기 방식을 익혀야 한다. 수려한 말솜씨와 누가 봐도 입이 딱 벌어질 만한 카리스마를 강조하는 것이 아니라 호기심 어린 질문을 건넬 줄 아는 사람이 되어야 한다. 상대가 나의 질문에 답하는 동안 지긋이 바라보고 끄덕이며 미소 지을 줄 아는 사람, 말을 흘려듣지 않고 집중하며 따라가는 사람, 같이 있으면 자꾸 말을 하게 만드는 사람이 되어야 한다. 지갑을 열게 하는 사람이 똑똑하다면, 입을 열게 하는 사람은 지혜롭다.

'이상하게 저 사람하고만 대화하면 내가 말이 많아지네.'
'이런 얘기 잘 안 하는데, 저 사람이랑 대화하면 별 이야기를 다 하게 되네.'

이런 말을 듣는 사람이 진짜 영향력 있는 사람이다. 이런 사람이 건네는 기회는 한 번 더 긍정적으로 생각하게 되고, 거절할 때도 두 번 더 고심하게 된다. 또 다른 기회가 생길 때 역시 이 사람을 먼저 떠올릴 것이다. 매력적인 사람이란 그런 존재다.

나 역시 기업이나 기관에 강의를 다닐 때 10분 정도 짧은 대화를 나누는 경우가 많다. 보통 교육 담당자들이 임원이나 CEO, 기관장들과 티타임을 마련한다. 이때 나의 대화 목표는 두 가지다. 강사로서 좋은 이미지를 전달하는 것, 그리고 교육 담당자의 선택을 신뢰할 수 있도록 세일즈하는 것이다. 물론 그럴 때 사용하는 전략 역시 질문이다. 대상에 따라 보다 실무적인 것을 묻기도 하고, 일부러 개인적인 관심사를 질문하기도 한다.

"요즘 가장 오래 고민하는 것은 어떤 게 있으세요?"
"평소에 그 많은 스트레스는 어떻게 이겨내세요?"
"외로운 자리에 계시잖아요. 결정이 어려울 때는 어떻게 하세요?"
"힘든 자리를 오래 유지하는 비결이 뭐라고 생각하세요?"
"요즘은 어떤 시간에 마음이 편안하세요?"
"이번 휴가는 어떻게 준비하고 있으세요?"
…

10분의 시간 동안 최대한 상대가 말을 많이 하게 한다. 상대가 말하고 싶어 하는 주제를 재빨리 찾아내는 것이 노하우다. 특히 상대의 지식과 경험을 드러내고, 남들 앞에서 더 괜찮은 리더로 보일 수 있게 만드는 질문을 쏙쏙 골라서 던진다. 상대가 답하는 동안 나는 심리적 여유를 확보한다. 급하지 않게, 부드럽게 호응하면서도 최대한 깊고 또렷하게 시선을 맞춘다. 중간중간 명료한 맞장구를 치면서 경청하고 있음을 알리고, 자연스럽게 또 다른 질문을 이어가면서 관심을 드러낸다.

개인적인 매력을 드러내고, 신뢰를 얻어야 하는 대화일수록 나는 말로 스스로를 높이지 않는다. 대화를 혼자 이끌어가려 할수록 상대는 나를 평가하게 된다. 그러다 보면 부족한 점과 아쉬운 점이 도드라질 뿐이다. 실제로 짧은 순간에도 사람의 마음을 헤아리고 포용하는 태도를 지닌 강사를 보면서 담당자와 그들의 상사는 안도감을 느끼는 듯했다.

"직접 뵈니까 안심이 되네요."
"아, 제가 강사님께 자꾸 상담을 받으려고 하네요."

사회학자 코리 키스가 쓴 책《무엇이 나를 살아있게 만드는가》

에서는 나이가 들수록 대인 존재감이 삶의 활력에 있어 중요한 부분이라고 설명한다. 내가 관계에서 존재감이 없다고 느끼면 삶의 안녕감에 부정적인 영향을 미친다고 말이다. 기존의 다른 연구에서도 대인 존재감은 한 개인의 정신 건강 및 신체 건강, 직장에서의 직무 스트레스와 직무 만족, 그리고 자살 사고, 우울 등 다양한 변인들에 영향을 미치는 것으로 확인되었다.

"그렇게 공부해서 대학이나 갈 수 있겠어!"라고 말하는 부모보다는, "너는 대학 가면 가장 해보고 싶은 게 뭐야?"라고 질문하는 부모가 자식의 마음속에 더 오래, 존재감 있게 자리한다. "그러니까 내가 진작 그만두라고 했잖아"라면서 잘잘못을 따지는 친구보다는, "이번 일이 네게는 어떤 의미였어?"라고 물어봐주는 친구가 기억에 진하게 남는다.

상대에게 좋은 질문을 하면, 나 역시 그만한 대가를 얻는다. 더 큰 영향력을 발휘하고, 존재감이 살아 있는 관계 속에서 행복을 곁에 둘 수 있다. 반대로 말하기 쾌락에만 중독되면 결국 나 혼자만 덩그러니 남는다. 당신을 돋보이게 만들어줄 것이라 믿었던 빛나는 말들도 사람과 연결되지 못하면 쭉정이처럼 땅에 떨어져버릴 뿐이다. 결국 그런 말은 열매를 맺지 못한다.

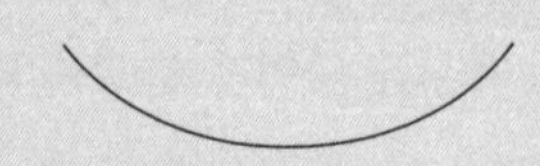

말하기라는 소음 속에서
'질문'이라는 길을 찾기

우리는 누군가를 아끼는 마음이 커질수록 더 많은 말을 보태려 합니다. 나의 경험을 꺼내어 상대의 아픔에 포개고, 정답 같은 조언으로 상대의 막막함을 해결해주려 애씁니다. 하지만 역설적이게도 그 '진심 어린 말들'이 때로는 공감의 자리를 뺏고, 상대의 입을 닫게 만들며, 관계에 쓸쓸한 단절감을 가져오기도 합니다. 1장 '말하기 바쁜 사람들'에서 우리가 함께 확인한 것은, 나 중심의 '말해주기'에서 벗어나 상대 중심의 '질문하기'로 나아가는 용기입니다. 이제 말을 멈추고, 그 자리에 다정한 질문 하나를 심어보면 어떨까요?

1. 공감은 '나도 알아'가 아니라 '알아가기'입니다

진정한 공감은 상대가 경험하는 감정과 의미를 단번에 파악할 수 없다는 겸손함에서 출발합니다. "나도 알아"라고 성급하게 고개를 끄덕이기보다, 아직 완성되지 않은 상대의 마음 퍼즐을 함께 맞춰가려는 인내와 수고가 필요합니다.

2. 작고 소박한 위로가 마음을 살립니다

우리는 종종 '큰 대화'의 기술에는 능숙하면서도, 정작 곁에 있는 사람의 고단함을 어루만지는 '작은 대화'에서는 길을 잃습니다. 상대가 원하는 것은 날카로운 분석이나 해결책이 아닙니다. "뭐가 고달파?"와 같이 존재를 긍정하는 작고 따스한 질문이 사람의 마음에 다시 기름칠을 해줍니다.

3. 당신과 나의 세상은 서로 다릅니다

누군가를 제대로 보려면 그 사람의 일을 '내 일'처럼 생각하지 않아야 합니다. 우리는 각자가 구축한 주관적 현실 속에서 살아가는 존재이기 때문입니다. 상대를 내 방식대로 해석하지 않고, 그가 세상을 바라보는 방식을 궁금해하며 반걸음 물러나 바라봐줄 때 관계는 비로소 안전한 온기를 가집니다.

4. 질문은 상대를 향한 가장 깊은 존중입니다

말하기는 뇌의 쾌락 중추를 자극하지만, 질문하기는 주의 집중과 기력이 필요한 수고로운 일입니다. 그럼에도 불구하고 질문을 멈출 수 없는 이유는, 그것이 상대를 내 삶에 초대하는 가장 확실한 신호이기 때문입니다. 질문을 내어주는 사람은 결국 상대의 마음이라는 더 큰 것을 얻게 됩니다.

5. 질문하는 사람이 매력적입니다

시끄러운 자리에서는 침묵하는 사람이 눈에 띕니다. 마찬가지로 저마다 말하기 바쁜 요즘 같은 때는 적절한 순간에 질문을 찾아내는 사람이 주목받습니다. 질문은 사람들을 말하게 하고, 움직이게 하며, 서로를 연결시키기 때문에, 관계 안에서 자연스럽게 존재감이 드러납니다. 성숙한 사람들은 질문을 통해 세상을 알아가고, 곁에 있는 사람을 빛나게 합니다.

"

"

2장

7가지 질문의 기술

관계에 생기를 불어넣는 법
호기심 질문

서로 알고 지낸 지 오래된 사이일수록 주고받는 질문은 시시해지고, 고정된 틀에서 좀처럼 벗어나지 못한다. 이미 서로에 대해 빤히 아는 것처럼 느껴져 대화에는 뻔한 루틴이 생기고 흥미도 사라지게 된다. 그러나 어떤 관계는 시간이 흘러도 여전히 서로의 또 다른 얼굴을 발견하는 재미를 지속해가기도 한다. 낯설고 엉뚱한 것에 대해 기꺼이 대화하며 함께 색색의 이야기를 채워가는 관계다.

관계에 생기를 불어넣고 싶다면 새로운 대화를 나눠보는 것이 좋다. 지금까지 해보지 않았던 신선한 질문을 시도해보는 것이다. 흥미로운 질문은 호기심에서 시작된다. 상대를 궁금해하는 마음과 더 알아가고자 하는 노력이 시들한 관계에 활력을 불어넣는다.

'호기심 질문^{Curiosity Questions}'은 좋아하면 자연스럽게 생겨나기도 하지만, 동시에 노력해서 키울 수 있는 경작의 마음이기도 하다. 너무 익숙해져 설렘은 사라졌어도 호기심이 시들지 않도록 씨를 뿌리고 물을 주면 관계는 살아난다.

좋아하는 마음을 일으키기

"엄마는 어렸을 때 꿈이 뭐였어요?"

곁에서 그림을 그리며 놀던 막내 아들이 물었다. 질문을 듣고 기억을 더듬다 보니 잊고 있던 장면 하나가 또렷해졌다. 녹색 칠판 앞에서 열정적으로 '선생님 놀이'를 하던 어릴 적 내 모습이다. 아이에게는 "국어 선생님은 아니지만, 그래도 엄마가 강의를 하니까 꿈을 이루었다고 할래!" 말하며 웃었다. 덕분에 잠깐 동안 다녀온 추억 여행이 반갑고 애틋했다.

"엄마는 어떻게 여기까지 왔어요?"

또 한번은 같이 수학 문제를 풀던 중이었다. 채점에 열중해 있는 내게 아이가 물었다. 엄마는 강의도 하고, 글도 쓰고, 방송에도 나오는데, 어떻게 그걸 다 할 줄 아는 사람이 되었느냐는 질문이었다. 가만히 답을 기다리는 아이의 초롱한 눈을 보는데 어쩐지 뭉클해졌다. 엄마의 노력을 알아주는 것도 같고, 또 언제 이런 질문을 할 만큼 컸나 싶은 생각도 들었다.

"좋아하는 것을 잘할 때까지 오래 연습했지"라고 답했다. 그리곤 아이에게 되물었다. "엄마는 우리 아들이 그 질문을 한 이유가 궁금한데?" 돌아오는 답은 의외로 간결했다.

"그냥, 엄마가 궁금하잖아요."

아홉 살 어린이도 질문으로 사람의 마음을 움직이게 한다. 좋은 질문을 하기 위해서는 누군가를 그냥, 그저 궁금해하는 마음이면 충분하다는 것을 배운다. 아이가 손에 쥐고 온 것은 '호기심', 그뿐이었다.

표준국어대사전에 의하면, 호기심이란 새롭고 신기한 것을 좋아하거나 모르는 것을 알고 싶어 하는 마음이다. 풀어보자면 호기심이 생기려면 두 가지 조건이 필요하다. 우선 하나는 누군가를 좋아하거나 관심을 가져야 한다는 것이다. 마음이 있으면 자연스레 호기심 어린 질문이 늘어난다.

친구와 같이 점심을 먹다가 "문득 궁금해서 그러는데, 너는 어느 계절을 좋아해?"라고 맥락도 없이 물은 적이 있다. 나는 친구가 몸에 열이 많은 체질이고, 그래서 열을 내는 음식을 잘 먹지 않는다는 것, 잘 때면 한겨울에도 발을 꼭 이불 밖으로 빼꼼히 내놓고 자야 한다는 귀여운 비밀을 알게 되었다. 우리는 삼계탕을 같이 먹으면서 따뜻한 기운의 음식은 피하는 편이라고 말하는 지금의 상황에 대해 '역시 인생은 모순'이라며 한참 웃었다.

한번은 이전 직장 선배와 맥주 한잔을 하다가 "그냥 호기심에 묻는 건데요, 선배님은 어릴 때 어떤 아이였어요?"라고 물었다. 언제나 당찬 모습의 선배는 어떤 어린 시절을 보냈을까 궁금했다. 부모님 몰래 반나절 집을 나갔던 모험담, 친구들을 데리고 동네 빈집을 털어 보물찾기하던 추억을 들려주며 선배의 얼굴에는 장난기가 차올랐다. 일 이야기만 나누던 우리의 대화가 폭신하고 말랑해진 기분이었다. 그날 집으로 돌아가면서 선배는 내게 '덕분에 오랜만에 즐거운 대화였어. 두고두고 오늘이 생각날 것 같아'라고 문자를 보내왔다.

궁금함을 품고 질문하기

> "문득 궁금해서 그러는데……."
>
> "호기심에 묻는 건데……."
>
> "너에 대해 더 알고 싶어서 하는 질문인데……."
>
> "그냥 갑자기 생각나서 묻고 싶은데……."

어떤 질문은 목적을 지니고 있어서 계획이 필요하다. 하나씩 반응을 보아가며 세밀하게 해야 하는 질문도 있다. 그러나 '그냥 궁금해서'로 시작되는 질문도 재미와 의미를 준다. 엉뚱한 질문으로 시작된 대화는 때때로 둘이서만 특별히 공유한 경험으로 남는다. 그로 인해 나와 너의 거리는 확 좁혀지고, 대화에는 활기가 돌게 된다. 또 큰 기대 없이 던진 호기심 질문을 통해 상대에게 중요한 무언가를 지나치지 않고 돌볼 기회를 얻기도 한다.

며칠 전에는 막내아들과 차를 타고 가다가 "엄마가 갑자기 궁금해서 묻는 건데, 너는 다시 태어나면 무엇으로 태어나고 싶어?"라고 물었다. 아이는 양 미간을 찌푸리며 새와 고양이 사이에서 한참을 고민했다. 새를 좋아하는 것은 알고 있었지만, 고양이가 사람들의 귀여움을 많이 받는 것 같아 고양이도 고려 중이라는 말은 처음 들었다. 아이는 여전히 귀여운 존재가 되고 싶어 한다. 그 마음이 귀여워서 웃음이 났다. "엄마 눈에는 고양이보다 네가 훨씬 훨씬 더 귀여워!"라고 자주 말해줘야겠다고 생각했다.

여름 휴가차 떠난 제주도 바다에서는 큰아들에게 "그냥 재미로 질문하는 건데, 이 세상에서 제일 게임을 잘하게 되는 알약이 있다면 어떻게 할 거야?"라고 물었다. 그랬더니 아들은 제법 진지한 표정으로 '게임은 깨나가는 과정에서 성취감을 느끼는 것이기 때문에, 그런 알약이 있어도 먹지 않겠다'고 답했다. 해변을 둥둥 떠다니며 아이가 경험하는 성취감에 대해 잠시 생각했다. 그러자 아이가 좋아하는 게임의 레벨 올리는 방법부터 더 알아두고 싶어졌다.

'좋아한다^like'나 '사랑한다^love'는 상태 동사^state verb다. 상태 동사는 멈추어 있는 것, 잘 변하지 않는 상태나 감정을 나타내는 동사로 진행형^ing의 형태로는 잘 사용되지 않는다. 그러나 관계는 상태가 아니라 동작 동사^action verb에 의해 만들어진다. 즉 실제로 어떤 행위를 할 때, 무엇을 어떻게 하는가에 따라 관계의 질이 달라진다는 뜻이다.

몸을 움직여 좋아하는 마음을 표현해낼 때, 가령 누군가를 위해 음식을 준비하거나 다정한 안부 문자를 보낼 때 비로소 진행형의 사이가 된다. 상대의 말을 귀담아듣고, 기억해두는 행위도 마찬가지다.

호기심 질문으로 관계에 진행형의 생기를 불어넣어보자. 약간의 용기를 발휘하여 무턱대고 한번 던져보자. 질문을 시작할 때 "그냥 문득 궁금해서", "호기심에 묻는 건데"와 같은 말로 질문자의 의도를 투명하게 보여주면 된다. 질문 내용에 제한은 없다. 그저 한 번도 묻지 않았던, 조금은 낯설고 새로운 질문일수록 좋다.

"그냥 궁금해서 그러는데, 어릴 때 부모님한테 가장 혼났던 경험이 뭐야?"
"갑자기 생각났는데, 네 첫사랑은 어떤 스타일이었어?"
"너에 대해 더 알고 싶어서 묻는 건데, 네 인생 최초의 기억은 언제야?"
"문득 호기심이 생겨서 말이야, 너는 언제 키가 많이 컸어?"

그동안 정해진 패턴대로 대화하던 사람들은 호기심 질문을 받는 것에 익숙지 않아서 처음에는 대개 '흠칫' 한다. 그래서 "별 게 다 궁금하네", "갑자기 왜?" 식으로 반응할 수도 있다. 그러면서도 이내 자신을 향한 관심을 반가워하며, 그 보답으로 진솔한 이야기를 들려준다. 한참 신나게 이야기 보따리를 풀고 나면, 가벼운 흥분과 고마움이 섞인 표정을 짓곤 한다.

단, 상대를 소외시키고 자신의 욕구에만 충실한 질문은 피해야한다. 예를 들어 "진짜 궁금해서 그러는데, 네 연봉이 얼마야?", "그냥 호기심에 묻는 건데, 도대체 네 남자친구가 왜 좋은 거야?"와 같은 말은 상대가 느낄 당혹감이나 불편감을 모른 척하며 자신의 호기심만 충족하려는 공격형 질문이 될 수 있다. 이런 질문은 되려 반감을 일으키기 때문에 주의하는 것이 좋다.

⌣ 호기심을 키우는 비결

호기심이 생겨나는 또 다른 조건은 '아직 모르는 게 많으니까 더 알아가보자'는 의식적인 노력을 발휘할 때다. 이는 대상에 대해 알아갈수록 더 궁금해지는 마음 역시 함께 커지는 원리 덕분이다.

호기심은 '전혀 모른다'와 '다 안다'의 사이에 있다. 아무것도 알지 못하면 호기심의 싹을 틔우기 어렵고, 상대를 모두 간파했다고 자만해도 질문이 사라진다. 결국 호기심은 상대에 관해 어느 정도 알지만 그것이 전부가 아니라고 믿을 때, 내가 모르는 세계가 여전히 존재한다는 것을 떠올릴 때 피어난다.

이것은 아인슈타인이 말한 '미지의 영역'과도 같다. 이미 알고 있는 지식을 하나의 '원'으로 그린다면, 그 '원'의 바깥은 우리가 아직 알지 못하는 부분이 된다. 이때 '원'이 커질수록 '원'의 둘레 역시 점점 늘어나 새롭게 접촉할 수 있는 미지의 세계가 더 많아진다. 이와 같이 사람에 대해서 알아갈수록 모르는 부분 역시 더 커진다는 것을 깨닫는다면 질문은 저절로 이어질 수밖에 없다.

따라서 호기심의 고수들은 누구를 만나든 겸손과 배움의 태도로 대화를 시작한다. 그리고 자연스럽게 질문을 던진다. 이를테면 상대의 직업을 알게 되었을 때, 이를 주제 삼아 여러 방향으로 궁금증을 뻗어나가는 식이다. 어떻게 그 일을 시작했는지, 일을 하면서 언제 보람을 느끼는지, 지금까지 위기는 어떻게 극복해왔는지, 나름의 직업병이라 할 만한 게 있는지, 앞으로 더 해보고 싶은 일은 무엇인지 등등 아는 것에서 출발해 모르는 것을 향하여 두려움 없이 세계를 확장해간다. 이것이 바로 호기심의 고수가 가진 힘이다.

반대로 새로운 문을 더 열어보지 못한 채 대화를 끝내는 사람들도 많다. 이들은 상대가 어떤 말을 하든 그 안에서 흥미로운 질문거리를 발견하지 못한다. '무슨 말인지 알겠다'며 한계를 지어버리거나, 다시 자신의 이야기로 되돌아오곤 한다. 결국 대화는 나의 반경 안에서만 맴돌 뿐, 더 멀리 나아가지 못한다.

최근에 한 유명 연예인이 운영하는 유튜브 채널에서 C 배우의 인터뷰를 본 적이 있다. 평소 호감이 있던 배우가 출현했길래 집중해서 시청하던 중에, 호스트와 게스트 사이에 다음과 같은 대화가 오가는 걸 보게 됐다.

"어릴 때부터 연기를 하고 싶었어?"

"예술에 늘 관심이 있었는데…… 그 인물로 살아보고 싶다는 생각은 늘 있었어요. 근데 그게 연기를 해야 실현 가능하다는 것은 몰랐고…… 너무 많이 쑥쓰러워하고……."

"(말을 끊으며) 어! 나도 어렸을 때 그러기는 했는데, 진짜 내성적이어서…… 어? 갑자기 내 이야기를 왜 하지?"

"괜찮아요. 얘기 궁금해요."

"아니, 네가 갑자기 내성적이었다고 하니까. 나도 부끄러워하고 말도 없고 그랬지만 늘 연기는 하고 싶다, 이랬거든."

호스트가 게스트의 이야기를 듣다가 갑자기 방향을 자신에게로 우회해버렸다. 리스너로서 크게 공감했기 때문일 테지만 대화의 초점이 바뀌며 게스트의 이야기는 더 깊이 들어가지 못한 채 멈추고 말았다. 인터뷰어로서는 아쉬운 진행이었다.

다른 곳에서 들을 수 없는 새로운 비하인드, 게스트를 매력적으로 살려내는 이야기를 듣고 싶다면 질문이 달라져야 한다. 호스트가 초대한 손님에게 충분한 관심과 애정이 있다는 인상을 주면서도, 호기심을 갖는 자세로 미지의 원 밖의 이야기들을 더 알고 싶어해야 한다.

이런 측면에서 요즘 즐겨보는 유튜브 채널 〈요정재형〉을 소개하고 싶다. 요즘은 셀 수 없이 많은 토크 프로그램들이 있지만, 그중에서도 '요정식탁'은 초대된 게스트를 향한 호기심 질문의 힘이 가장 잘 드러나는 프로그램이 아닐까 싶다. 전체적인 분위기도 자극적이지 않으면서, 대화의 내용은 깊이감이 있다.

한번은 좋아하는 N 배우가 나오길래, 작정하고 노트북을 준비해서 호스트가 게스트에게 던진 질문들을 받아 적어보았다.

"내가 오늘 물어보고 싶었던 게~"
"내가 너에게 궁금한 게 뭐냐면~"
"내가 너랑 이 이야기를 더 하고 싶은데~"
"이번 작품은 어때?"
"너의 꿈은 뭐니?"
"그리고?"

"나는 너에 대해 이런 생각이 들던데…… 어때?"

"어떤 반응이었어?"

"연기하고 싶다는 것을 언제 알았어?"

"너는 호평이 좀 불편했다며?"

"그 정도였구나?"

질문만으로도 호스트가 인터뷰 준비를 얼마나 정성들여 했을지 느껴졌다. 호스트는 게스트가 정해지면 일주일 동안 한 인물을 디깅*한다고 했다. 영화, 드라마 할 것 없이 출연작들을 밤새워 보고, 유튜브, 인터뷰 영상, 기사 등 가능한 많은 자료들을 챙겨서 공부한다는 것이다. 친한 지인을 알고 있으면 직접 전화를 걸어 사전 인터뷰를 한다고도 들었다. 그러한 노력이 인터뷰에 고스란히 드러났다. 일주일 동안 한 사람에 대한 호기심과 애정을 키운 사람만 할 수 있는 충실한 질문들이었다.

언젠가 같은 채널의 다른 영상에서 누군가 정재형 씨에게 "이제까지 〈요정재형〉에 출연한 사람 중에 제일 별로였던 사람이 누구냐"고 물은 적이 있다. 그는 이렇게 답했다.

---

* digging: 깊게 파고든다. 때론 덕질의 의미로 사용된다.

"'어, 괜찮을까?' 했던 사람들도 내가 공부하고 만나잖아?
그럼 다 멋있어! 그 사람에 대해서 정말 많은 것을 이해하
게 돼."

역시 호기심 질문은 '앎'에서 비롯된다. 호스트라고 해서 출연하는 모든 게스트를 좋아할 수는 없다. 그러나 알아가려는 노력을 기울이면 어느새 호감이 일어나고, 그때부터는 묻고 싶은 것이 생긴다. 이런 정성스러운 준비 과정이 쌓일수록 질문도 기성품이 아니라, 맞춤 제작처럼 세밀해진다. 그런 대화에는 새로움과 무게감이 공존한다.

우리도 사람을 만날 때 작은 준비의 시간을 가져보면 어떨까? 꼭 디깅까지는 아니더라도, 친구가 하는 일이나 최근의 관심사, 취미에 대해, 주말을 보내는 방법, 혹은 지난번 이야기했던 고민에 대해 잠시 떠올려보는 것이다. 그리고 그중 하나를 골라서 관련된 질문으로 대화를 시작해보면 더 깊이 있고 새로운 이야기가 펼쳐질 수 있다.

마치 친구와의 인터뷰를 기다려온 MC처럼 호기심 어린 눈동자로 묻고, 듣고, 같이 웃으면 우리의 대화는 이전과 어떻게 달라질까? 그 영향이 대화에만 국한되지는 않을 것이다. 서로가 서로에게

호스트가 되어주고 또 반대로 게스트가 되어보면, 우리가 함께 보낸 시간과 관계는 얼마나 더 무르익을까?

"휴가 다녀왔지? 쉬고 오니까 뭐가 제일 좋아?"
"아이들이 아프다더니, 지금은 어때?"
"최근에 네 방송 봤어. 소감이 어떤지 들려줘~"
"책 쓰는 작업은 어떻게 되어가? 궁금하다."

나는 이런 질문을 받을 때 관계 안에서 깊은 만족감을 느낀다. 물론 "사랑해", "좋아해"라는 표현의 말도 설레지만, 질문을 받는 순간에는 그들의 관심과 시선이 실제로 감각된다. 친구는 내가 하는 일이나 아이들의 컨디션이 몹시 궁금하지 않을 수 있다. 그러나 그들은 호기심을 키우는 중이다. 나를 생각하고 더 이해하기 위해, 나를 염려하고 기대하는 마음으로 질문을 건넨다. 질문을 뚫고 전달되는 그들의 살뜰함이 고맙다.

거미줄의 굵기는 사람 머리카락의 1/20 정도라고 한다. 그 가느다란 거미줄은 잘 늘어나면서도 강도는 강철의 5배 이상 세다고 알려져 있다. 고작 한 가닥의 줄일 때는 잘 모르지만, 그 얇은 줄이 칭칭 엮이고 감기면 부드럽고도 강력한 힘을 발휘한다.

우리가 서로에게 호기심의 질문을 자주 주고받을 때도 촘촘한 거미줄이 만들어진다. 멀리 떨어져도 끊어지지 않고 유연한, 분명히 이어져 있는 견고한 사이가 되는 것이다. 이렇듯 우리의 관계가 느슨하면서도 단단한 거미줄처럼 존재한다는 사실은 우리에게 따뜻한 안정감을 준다. 사람에 대한 호기심의 질문을 멈추지 않는 한, 우리는 끊어지지 않는다.

| 호기심 질문하기 |

1. 질문은 좋아하는 마음을 일으키는 역동적인 대화 기술이다.

2. 오랜 관계에서 생기를 불어넣는, 한 번도 해보지 않았던 새로운 질문을 시도해보자.

3. 호기심 질문은 "그냥 궁금해서 그러는데"로 시작해 질문자의 의도를 투명하게 보여주면 된다.

4. 개인적 호기심을 채우기 위해 상대를 소외시키거나 이용하지 않는다.

5. 호기심을 키우는 비결은 상대를 '더 알아가보자'고 마음먹고 궁금해하는 것이다.

대화를 매끄럽게 이어가는 법
후속 질문

낯선 사람과도 대화를 매끄럽게 이어가는 사람이 있는가 하면, 오랜 친구와 대화하면서도 자꾸 흐름이 끊기는 사람이 있다. 이들은 말을 주고받는 요령이 부족해 주변 사람들에게 무관심하다거나 반응에 성의가 없다는 오해를 받기 쉽다. 그런 피드백이 반복되면 만남 자체도 부담스럽고 불편해진다.

이럴 때 질문만 잘해도 능숙하게 대화에 참여할 수 있다. 질문을 활용한 대화법은 말의 양이 많지 않아도 대화에 적극적으로 참여한다는 인상을 준다. 게다가 타이밍에 맞춰 유머를 던지거나 같은 이야기도 구성지게 스토리텔링하는 능력에 비하면 배우기도 한결 쉽다.

대화를 매끄럽게 이어가려면 다양한 후속 질문을 사용하는 데 익숙해져야 한다. '후속 질문Follow-up Question'은 상대의 말끝에 덧붙이는 꼬리 질문으로, 상호 작용을 높이고 대화를 풍성하게 만든다. 후속 질문을 활용하면 대화가 구체적이고 생생해질 뿐 아니라 공감력과 친밀감도 높아진다. 따라서 '대화에 막힘이 없다', '편안하게 대화를 이끈다'는 인상을 줄 수 있다.

⌣ 대화가 자꾸 끊기는 이유

"이번 연휴 때 어디 다녀오셨어요?"

"저는 그냥 집에서 쉬었어요. 어디 다녀오셨어요?"

"저는 세부에 다녀왔는데 너무 좋았어요."

"세부 좋다고 들었어요."

"네, 거의 리조트에만 있었는데도 기대 이상이었어요.
다른 해외로 멀리 가는 것보다 덜 힘들고."

"아. 저는 아직 해외에 가보지를 못해서……."

"앞으로 가시면 되죠."

"그래야죠…… 이것 좀 드시겠어요?"

코칭 고객이 얼마 전 한 모임 자리에서 나눈 대화라며 위와 같은 내용을 들려주었다. 대화는 순서를 오가는 사이에 서로의 반응이 더해지면서 생동감이 살아나야 하는데, 고객의 대화는 갈수록 내용이 밋밋해지고 어딘가 흐름이 어긋나 있었다. 그는 다른 사람들과 대화할 때도 비슷한 분위기가 반복된다며 답답함을 털어놓았다.

대화할 때 핑퐁이 잘 되지 않는 사람들에게는 몇 가지 공통적인 특징이 있다. 우선 이들은 단답형으로 답하는 경향이 있다. 상대의 말에 "아~", "네", "그래야죠"처럼 감탄사나 짧은 호응 정도만 하다 보니 기본적으로 시큰둥해 보인다. 질문의 형태로 반응할 때도 비슷하다. "아, 정말?", "진짜?"와 같은 말만 반복해서 사용하기에 상투적이고 의무적인 느낌을 주게 된다.

〔단답형으로 반응하기〕
"오늘 진짜 덥다. 나는 여름이 힘들더라."
- "응 덥네."
- "뭐, 여름이니까."

또 대화의 맥락을 끊는 발언을 곧잘 한다. 위 사례처럼 상대가 해외여행에 다녀온 이야기를 하는데 자신은 여행을 가보지 않았다고 말을 막아버리거나, 여행 이야기가 오가던 중에 별안간 음식 이야기로 전환하는 경우다. 이는 생각이 빠르게 점프하면서 일어날 수 있는 일이다. 예를 들어 친구가 덥다는 이야기를 하는데 빙수가 연상되면 갑자기 빙수 이야기를 꺼내는 식이다. 혹은 쉼표 없이 대화를 이어가야 한다는 압박감 때문에 생각나는 대로 주제를 꺼내거나, 자신의 이야기로 시간을 메우기도 한다.

〔맥락을 끊는 반응하기〕
"오늘 진짜 덥다. 나는 여름이 힘들더라."
- "빙수 먹고 싶다."
- "내가 유튜브에서 봤는데, 여름에 힘든 사람은 체질적으로……."

뜬금없이 부정적인 반응을 보이는 이들도 있다. 타인의 말에 공감 반응이 아니라 찬물을 끼얹는 경우다. 예를 들어 여행을 다녀온 사람에게 "그런데 요즘 거기 한국 사람이 너무 많지 않아요?" 혹은 "관광지는 별로 볼 거 없죠?"라는 식으로 말하는 것이다. 이들은 자신의 반응이 적절하지 못했다는 사실을 인식하지 못하고, 오히려 해당 주제에 관심을 표했다고 생각한다. 그러나 반응은 상호 작용이다. 혼자가 아니라, 상대의 감정과 분위기에 보조를 맞춰야 한다.

〔부정적인 반응하기〕

"오늘 진짜 덥다. 나는 여름이 힘들더라."

- "근데 너 겨울도 싫다고 하지 않았냐?"

- "그래도 추운 것보다 낫지."

이처럼 대화가 끊기는 주된 이유는 상대의 말에 온전히 집중하지 못하기 때문이다. 귀로 듣는 것 같지만 속으로는 다른 생각에 빠져 있는 경우가 많다. 예를 들면 상대가 해외여행 이야기를 하고 있는데 '나는 여태 해외여행을 한 번도 못 가봤네……' 혹은 '여행 경비는 얼마나 들었을까?' 하는 생각을 하느라 정작 상대의 말은 놓치는 것이다.

또한 속으로 '나는 잘 모르는데……', '이 이야기를 왜 나한테 하는 거야?', '아…… 뭐라고 반응하지?' 같은 생각을 하다가 상대의 말에 대한 후속 질문의 기회를 놓치기도 한다. 이렇게 되면 대화의 악순환이 반복될 수 있다. 혼자 속으로 다른 생각을 하고 고민하다 보면 정작 들어야 할 중요한 내용을 놓치고, 그 결과 단답형이나 맥락을 끊는 반응을 보이게 된다. 그로 인해 분위기가 사뭇 경직되거나 대화가 어색해지면 후속 내용으로 자연스럽게 흐름을 이어가기는 더 어려워진다.

그러나 '후속 질문'을 활용하면 대화는 이렇게 매끄러워진다.

"이번 연휴 때 어디 다녀오셨어요?"

"아…… 저는 그냥 집에서 쉬었어요. 어디 다녀오셨어요?"

"저는 세부 다녀왔는데 너무 좋았어요."

"세부 좋다고 들었어요. 어떤 점이 그렇게 좋아요?"

"리조트 앞에 있는 바다가 기대 이상이었어요. 다른 해외에 멀리 가는 것보다 덜 힘들고."

"해외 멀리도 다녀오셨나 봐요. 이번 여행 중에는 뭐가 가장 기대 이상이었어요?"

"음…… 아무래도 스노쿨링할 때가 재밌더라고요. 바다 안이 그냥 예술이에요!"

"스노쿨링이요?"

"네, 배를 타고 나가서 낚시도 하고 바다 안에서 물고기 체험도 하고요."

"구체적으로 어떻게요?"

"우선 스팟에 도착하면 현지인 담당이 정해져요. 가이드를 따라서 물속으로 들어가면……(하략)."

"아…… 진짜 재밌겠어요. 그러고 나면요?"

"그러고 나면 밥을 먹는데…… 글쎄, 라면이 나오는 거
예요. 어찌나 맛이 있던지."

"라면이라…… 그 맛은 잊을 수 없겠는데요? 또 추천하
고 싶은 코스 있으세요?"

"아…… 마사지도 빼놓을 수 없죠. 다음에 가면 매일 받
고 싶어요."

"매일 받고 싶은 정도예요?"

"네, 진짜요! 이번 여행은 우리 가족에게도 정말 좋은
추억이 될 것 같아요."

"들어보니 정말 그런 것 같네요. 그럼 또 다른 해외는 어
디 가보셨어요?"

……

대화에는 집중력이 요구된다. 그러나 우리는 대화할 때 너무 빠
르게 집중력을 잃어버려서 그 속도를 알아차리지 못할 정도다. 그
렇게 금세 상대의 말을 놓치고는 혼자만의 생각에 빠져들곤 한다.
좋은 대화는 '지금, 그리고 여기here and now'에 있다. 주의를 깊게 기
울이면 상대의 말에서 신선한 질문의 재료를 발견할 수 있다. 앞선
예시에서 사용된 대부분의 반응 질문 역시 상대의 말 속에서 단서
를 찾아 이어간 것이다.

나를 보지 말고, 상대를 봐야 한다. 내가 할 말을 찾지 말고, 상대의 말을 들어야 한다. 진정한 듣기란 눈으로는 상대의 표정을 살피고, 귀로는 말을 왜곡하거나 생략하지 않으며 듣고, 그 내용에 맞춰 호응하는 반응을 보이는 것까지가 포함된다.

"제가 재미없는 사람이라 대화가 자꾸 끊기는 걸까요?"
"말재주가 없어서 대화 분위기가 어색해져요."

타고난 말재주나 센스를 장착한 사람만 대화를 잘하는 게 아니다. 오롯이 상대의 말을 듣고, 그것으로부터 질문을 파생시킬 수 있는 능력을 키우면 누구나 편안하게 대화를 이어갈 수 있다. 더 이상 뚝딱거리지 않고 충분히 만족스러운 대화를 꾸려가게 될 것이다. 말과 말을 자연스럽게 연결 짓는 대화 기술은 누구나 배울 수 있고, 연습하는 만큼 실력도 는다.

⌣ 후속 질문을 만드는 요령

"질문을 만드는 게 어려워요."
"아…… 뭘 질문해야 할지 모르겠어요……."

코칭이나 워크숍에서 질문 실습을 해보면 대부분의 사람들이 질문 만드는 일을 어려워한다. "그러니까, 내가 보기에……" 하는 식으로 군더더기가 붙으며 말이 길어지거나, "그래서 어떻게 할 거야?" 하면서 너무 빠르게 결론으로 내달리는 질문을 던지곤 한다.

대화는 과정에 함께 머물수록 연결이 만들어지고, 그럴 때 후속 질문이 필요하다. 앞서 말했듯이 후속 질문의 핵심은 상대의 말 속에서 소재를 찾아내는 것이다. 여기에 몇 가지 요령을 더하면 훨씬 자연스럽고 풍성한 대화를 이어갈 수 있다. 이제 오늘의 대화에서 당장 적용할 수 있는, 후속 질문의 5가지 유형을 살펴보자.

5W 1H 의문사 질문

5W 1H 의문사 질문은 기본 정보와 맥락을 파악하는 기초 질문이다. 질문의 기본은 의문사를 제대로 활용하는 데 있다. 질문이 불필요하게 길어지는 이유는 의문사가 명확하게 쓰이지 않았기 때문인 경우가 많다. 먼저 '5W 1H - WHO(누가), WHEN(언제), WHERE(어디서), WHY(왜), WHAT(무엇을), HOW(어떻게)'라는 여섯 가지 의문사를 활용하여 질문을 만드는 연습부터 시작해보자.

특히 이중에서 '어떻게(HOW)'와 '무엇을(WHAT)' 의문사는 가장 확장성이 크다. 이 두 가지의 의문사는 다른 의문사를 사용했을 때보다 더 많은 이야기를 끌어내는 데 훨씬 효과적이다.

"저는 세부 다녀왔는데 너무 좋았어요."

- 언제(WHEN): 언제 다녀오셨어요?

- 어디(WHERE) : 세부 어디에 머무셨어요?

- 누가(WHO) : 누구랑 다녀오셨어요?

- 무엇을(WHAT) : 세부에서 뭐가 가장 좋으셨어요?

- 어떻게(HOW) : 여행 장소는 어떻게 정하셨어요?

- 왜(WHY) : 왜 세부로 가셨어요?

"요즘 허리가 많이 아파서 한의원에 다녀왔어."

- 언제(WHEN) : 언제부터 아팠어?

- 어디(WHERE) : 한의원은 어디로 갔어?

- 누가(WHO) : 선생님이 누구셔?

- 무엇을(WHAT) : 어떤 치료를 받은 거야?

- 어떻게(HOW) : 앞으로 어떻게 관리하래?

- 왜(WHY) : 왜 허리가 아파?

'언제(WHEN)', '어디(WHERE)', '누가(WHO)' 의문사의 경우 생각이나 느낌, 못다 한 이야기를 끌어내기보다는 사실 정보에 한정된 답을 불러온다. 따라서 이런 질문을 연속적으로 사용하면 대화가 짧게 종결될 가능성이 높으니 다소 주의가 필요하다.

또한 의문사 '왜(WHY)'를 사용할 때는 뉘앙스에 신경 써야 한다. "왜 거기로 갔어?", "왜 그걸 선택했어?"와 같은 'WHY' 의문사는 화자의 의도와는 달리 상대에게 따지거나 반대하는 인상을 줄 수 있다. 이유나 배경이 궁금하다면 '왜(WHY)' 의문사 대신, '무엇(WHAT)'이나 '어떻게(HOW)'로 바꾸어 질문하는 것이 안전한 선택이다.

왜 그곳을 갔어?(WHY) → 그곳을 선택한 이유는 뭐였어?(WHAT)
왜 그 친구들하고 갔어?(WHY) → 어떻게 그 친구들하고 가게 된 거야?(HOW)

키워드 질문

의문사를 사용하지 않고, 한 단어만으로도 질문을 만들 수 있다. 이를 키워드 질문이라고 하는데, 상대의 말 속에서 핵심이 되는 특정 명사, 장소, 사건 등의 단어를 골라 의문형으로 반응하는 방식이다.

이 질문법은 상대의 말을 놓치지 않고 집중해서 따라가는 연습으로도 매우 효과적이다.

> "음…… 아무래도 스노쿨링할 때가 재밌더라고요. 바다
> 안이 그냥 예술이에요!"
> "스노쿨링이요?"

> "요즘 허리가 많이 아파서 한의원에 다녀왔어."
> "허리가?" (or 한의원에?)

위의 사례처럼 상대가 스노쿨링 이야기를 꺼냈을 때 핵심 명사인 "스노쿨링이요?"라고 되물으면, 상대의 말을 놓치지 않고 관심을 기울이고 있다는 신호를 전할 수 있다. 이런 반응은 자연스럽게 스노클링 경험을 더 구체적으로 말하게끔 이끌어 대화의 흐름이 끊기지 않게 한다.

또 친구가 "허리가 아파서 한의원에 다녀왔다"고 했을 때, 어떤 단어에 반응하는가에 따라 이후의 대화 내용이 달라질 수 있다. 만약 "허리가?"라고 물으면 통증의 원인이나 상태에 대한 설명이 이어질 가능성이 높고, "한의원에?"라는 장소 키워드를 반복하면 어

떤 치료를 받았는지에 대한 대화가 오갈 것이다.

키워드 질문은 대화 중간에 말을 놓쳤을 때뿐 아니라, 상대의 이야기에 큰 흥미를 느끼지 못하거나, 어떻게 반응해야 할지 모를 때도 유용하다. 짧은 키워드 질문만으로 상대에게 다시 말할 차례를 넘길 수 있기 때문이다. 물론 지나치게 자주 사용하면 성의 없는 반응처럼 보일 수 있으므로, 가끔 임시방편으로 활용하는 정도가 좋겠다.

구체화 질문

상대가 말한 내용에 대해 더 구체적으로 들어가보는 후속 질문도 가능하다. 그저 '조금 더 구체적으로 말해 달라'고 요청하면 된다. 구체화 질문은 가장 절약적인 언어로 상대를 향한 관심과 호기심을 드러내는 표현이다. 예를 들어 "응, 알겠어"와 "예를 들면?"의 경우, 글자 수는 같지만 그 말을 건네는 사람이 지닌 마음의 온도와 무게는 상당히 다르게 전달된다.

"네, 배를 타고 나가서 낚시도 하고 바다 안에서 물고기 체험도 하고요."
"구체적으로 어떻게요?"

"요즘 허리가 많이 아파서 한의원 다녀왔어."

"특히 어디가 아픈데?"

위의 예시처럼 "배를 타고 나가서 낚시도 하고, 바다 안에서 물고기 체험도 한다"는 말을 들었을 때 "구체적으로 어떻게요?"라고 물으면 화자는 그 장면을 더 자세히 풀어낼 수 있다. 이 한마디의 질문으로 짧았던 문장이 살아 있는 에피소드로 만들어지고, 그 과정에서 덧붙여지는 세밀한 묘사로 인해 대화는 이전보다 생생해진다.

또 허리가 아파서 한의원에 다녀왔다는 친구의 말에도 "특히 어디가 아파?"라고 구체화 질문을 덧붙일 수 있다. 그러면 '허리가 아프다'라는 사실뿐 아니라 세부적인 증상이나 아프게 된 과정까지 듣게 될 것이다. 그 과정에서 자연스럽게 관심과 공감을 표현하게 된다.

사람들은 대화를 시작할 때 대개는 큰 덩어리의 개념 표현으로 이야기를 꺼낸다. 예를 들어 "가족 여행이 너무 좋았어", "배를 타고 멀리까지 나갔다 왔어"와 같은 식이다. 그러나 대화는 구체적인 스토리가 드러날 때 훨씬 흥미로워진다. 가족 여행 중에 짐을 잃어버렸다가 극적으로 되찾은 과정이나 물고기 먹이를 주면서 느꼈던 재미와 감동이 오감을 자극하는 문장으로 묘사되면 듣는 사람도 몰입하며 이야기 속으로 들어갈 수 있다.

대화를 보다 입체적으로 만들고 싶다면 '구체적으로', '예를 들어', '더 자세히', '특히 어떤?'과 같은 구체화 질문을 활용해보자. 이는 대화가 서론에서 멈추지 않고, 본론과 클라이맥스까지 쭉 이어지도록 만드는 적극적인 질문법이다. 즉 "나는 당신의 이야기를 더 듣고 싶어요", "진짜 이야기를 시작해볼까요?"라는 초대의 메시지로 전달된다.

"구체적으로 어떻게?"

"예를 들자면?"

"특히 어떤 점이?"

"이를테면 어떤 상황에서?"

"더 자세히 말해보자면?"

전개 질문

어릴 적, 아이들에게 책을 읽어줄 때 그 내용이 재미있으면 아이들은 가만히 있지를 못했다. "그래서 어떻게 되었어요?", "그 다음은요?" 하며 다음 이야기의 전개를 궁금해했다. 이처럼 상대방이 한 발 먼저 궁금증을 가지고 다가오면 말하는 사람도 신이 나서 말을 이어가게 된다. 우리도 대화할 때 이러한 방법을 적용할 수 있다.

"우선 스팟에 도착하면 현지인 담당이 정해져요. 가이
드를 따라서 물속으로 들어가면……."
"아…… 진짜 재밌겠어요. 그러고 나면요?"

"요즘 허리가 많이 아파서 한의원 다녀왔어."
"그래서 다녀오니까 어때?"

위의 예시처럼 스노쿨링 체험 이야기가 한 단락 마무리될 때쯤
"그러고 나면요?"라고 물어볼 수 있을 것이다. 그러면 이야기는 자
연스럽게 시간 흐름에 따라 더 이어진다. 또 친구가 "허리가 아파
서 한의원에 다녀왔다"고 말했을 때 "그래서 다녀오니까 어때?"라
고 전개 질문을 해보면 된다. 이렇게 하면 한의원에 다녀온 후의
변화나 결과에 대한 이야기로 대화가 나아간다.

전개 질문은 상대의 이야기를 시간적 혹은 논리적으로 더 나아
가게끔 만드는 질문이다. 이런 질문을 통해 대화를 더 나누고 싶다
는 마음을 전달할 수도 있다. 다음 장면이 어떻게 전개될지 궁금해
하는 건 마지막 결말까지 함께 가고 싶어하는 관심의 표현이기 때

문이다.

다만 "그래서?"처럼 짧게 툭툭 던지는 전개 질문은 자칫 오해를 살 수 있다. 지금의 이야기가 지루하다는 뜻으로 들리거나, 결말을 성급하게 재촉하는 뉘앙스로 받아들여질 수 있기 때문이다. 따라서 "그래서 어떻게 되었어?"처럼 조금 더 부드럽고 구체적인 형태로 묻는 편이 좋다.

"그래서 어떻게 됐어?"
"그러고 난 후에 무슨 일이 있었던 거야?"
"그렇게 되고 나니까 어땠어?"
"그 다음에는?"
"그 일로 어떻게 달라졌어?"

확장 질문

현재 진행 중인 이야기와 관련되거나 유사한 주제로 확장하는 후속 질문도 있다. 이런 질문은 과거나 미래, 혹은 주변의 다른 경험으로부터 또 다른 이야기를 불러와 대화를 이어가게 한다. 즉 확장 질문은 하나의 주제에서 여러 갈래로 이야기를 뻗어나가게 하는 연결의 기술로서 대화에 넓이를 더한다.

또한 관계에서 확장 질문을 잘 활용하면 사람을 더 깊이 이해할 수 있는 좋은 수단이 된다. 평소에는 평면적인 인상이었던 사람도 이야기를 통해 들여다보면 훨씬 입체적인 면모가 드러나기 마련이다. 평소 내가 알던 모습과는 다른 얼굴이 나타나기도 한다. 즉 다양한 상황에 놓인 상대의 행동이나 태도를 통해 성격, 취향, 가치관, 특성을 알 수 있고, 그 과정 자체가 사람의 다양성과 복잡성을 이해하는 좋은 기회가 된다.

"네, 진짜요! 이번 여행은 우리 가족에게도 정말 좋은 추억이 될 것 같아요."
"들어보니 정말 그런 것 같네요. 그럼 또 다른 해외는 어디 가보셨어요?"

"요즘 허리가 많이 아파서 한의원 다녀왔어."
"예전에도 허리 아픈 적 있었어?"

위의 예시에서 이번 여행에 관한 이야기가 마무리될 때쯤에는 대화 주제를 자연스럽게 전환하거나 해외여행과 관련된 또 다른 질문으로 이야기를 확장할 수 있다. "또 다른 해외는 어디 가보셨어요?"라는 질문은 상대의 경험과 추억을 자극해 종횡으로 더 풍성한 이야기를 이끌어낸다.

또한 허리가 아파서 한의원에 다녀온 친구에게 "예전에도 허리 아픈 적 있었어?"라고 물으면 시점을 과거로 옮겨 더 많은 이야기를 할 수 있다. 이렇게 확장 질문을 사용하면 "나는 네가 걱정된다"라는 말이 없이도, 친구를 향한 염려와 적극적 관심이 전해진다.

타인의 말을 오래 듣는 일은 정말 쉽지 않다. 흥미를 유지하기도 어렵고, 나의 경험을 말하고 싶은 강한 충동이 끊임없이 일어나는 것도 참아내야 한다. 누군가에게 확장 질문을 건넨다는 건 그만큼 애정 어린 마음과 시간을 내어주는 일이다.

"또 다른 것은 뭐가 있어?"
"예전과 비교하면 어때?"
"그때는 어땠는데?"
"그럼 ~는 어떻게 된 거야?"
"앞으로는 어떻게 하고 싶어?"

| 후속 질문하기 |

1. 좋은 대화는 '지금, 그리고 여기here and now**'에 있다. 상대의 말에 주의를 기울이자.**

2. 〈5W 1H 의문사 질문〉으로 기본 정보와 맥락을 파악한다.

3. 핵심 명사, 장소, 사건 단어를 반복해서 사용하는 〈키워드 질문〉을 한다.

4. 큰 범위를 좁혀서 세부 내용을 깊게 파고드는 〈구체화 질문〉을 한다.

5. 이야기의 흐름을 시간적, 논리적으로 이어가는 〈전개 질문〉을 한다.

6. 비슷한 경험이나 연관된 주제로 이야기를 넓히는 〈확장 질문〉을 한다.

친구 A는 '책' 이야기가 나오면 평소보다 훨씬 외향적으로 변한다. 친구 B는 요리 레시피나 예쁜 그릇 이야기를 꺼내면 말이 빨라지고 웃음이 많아진다. 친구 C는 키우는 강아지에 대해 누군가 물으면 갑자기 힘이 솟는 듯 몸짓과 목청이 커진다.

사람은 자신이 좋아하는 것, 이미 잘 알고 있는 것, 성취 경험이 있거나 더 잘하고 싶은 것에 대해 질문을 받으면 에너지가 올라간다. 이야기에 몰입하면서 스스로 신나 한다. 누구에게나 그런 주제가 몇 가지쯤은 있다. 상대가 관심 있는 주제가 무엇인지 잘 파악해서 질문하면 대화가 한층 즐거워지고 관계에서 호감을 높일 수

BOOK21

경제경영-인문

21세기북스는 급변하는 시대의 흐름 속에서 독자의 요구를 먼저 읽어내는 예리한 시각으로 〈칭찬은 고래도 춤추게 한다〉, 〈설득의 심리학〉 등 밀리언셀러를 출간하며 경제 경영 자기계발 분야의 독보적인 브랜드로서 자리매김했습니다.

 21cbooks 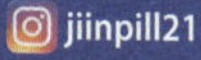 jiinpill21 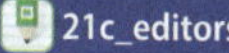 21c_editors

북이십일의 문학 브랜드 아르테는 세계와 호흡하며 세계의 우수한 작가들을 만납니다. 국내에 소개되지 않은 혹은 잊혀서는 안 되는 작품들에, 새로운 가치를 담아 재창조하여 '깊고 아름다운 책'을 만들고자 합니다.

21arte  21_arte  staubin

원 페이지 인문학

하루 5분이면 충분한 실천 인문학

김익한 지음 | 값 19,900원

하루 한 장의 생각으로 단단해지는 내일 '아는 것'이 아니라 '사는 것'을 제안하는 365일 실천 인문학 하루 한 페이지, 5분이면 충분한 성장의 시간!

김형석, 백 년의 유산

106세 철학자가 길어 올린 최후의 인간학

김형석 지음 | 값 22,000원

"백 년의 사유가 담긴 우리 시대 마지막 유산"
기네스 공식 인증, 현존 인류 최고령 저자
김형석 교수가 전하는 '만년(萬年)의 교양'

법의학자 유성호의 유언 노트

후회 없는 삶을 위한 지침서

유성호 지음 | 값 19,900원

"죽음을 떠올릴 때 삶은 더 선명해진다"
매주 죽음을 만나는 서울대 유성호 교수가 일 년에 한 번 '유언'을 쓰며 발견한 인생의 진정한 가치와 의미, 어떻게 살아가야 할 것인가에 관한 고민과 성찰!

Philos 038

신을 찾는 뇌

종교는 어떻게 진화했는가

로빈 던바 지음 | 구형찬 옮김 | 값 30,000원

'던바의 수' '사회적 뇌' 사회성 연구의 대가 로빈 던바,
종교에 대한 과학적 연구 20년의 결정판
다학제간연구로 종교의 기원과 진화 목적을 밝히다

그레이트하모니 007

전쟁과 대통령

전쟁을 경험한 일곱 대통령의 결정적 순간들

스티븐 M. 길런 지음 | 값 48,000원

2차대전은 어떻게 대통령들의 세계관을 형성했는가. 아이젠하워부터 조지 H. W. 부시까지 '참전 시대' 대통령 7인의 일대기!

설득자

부, 성공, 행복이 따르는 설득 비법

정홍수 지음 | 값 22,000원

"듣게 하고, 믿게 하고, 움직이게 하라!"
인간관계부터 리더십·협상·사업까지,
사람의 마음을 움직이는 실전 설득법

80/20 법칙 · 80/20 법칙(행동편)

적은 노력으로 크게 성취하는 불변의 진리

리처드 코치 지음 | 각권 24,000원

"사소한 것에 매달리지 마라, 모든 것을 결정 짓는 20%에 몰두하라"
당신의 일상을 완전히 바꾸어 줄 간단한 효율의 과학
최소 노력으로 최대 성과를 내는 똑똑한 일상 설계법

직감의 힘

촉은 거짓말을 하지 않는다

로라 후앙 지음 | 값 19,900원

"성공한 리더들은 왜 직감을 단련하는가?"
조직행동학 권위자가 수천 명의 리더 인터뷰로 밝혀낸
무의식의 신호를 포착해 더 빠르고 좋은 결정을 내리는 법

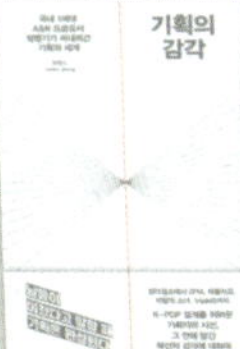

기획의 감각

국내 1세대 A&R 프로듀서 정병기가 써내려간 기획의 세계

정병기(Jaden Jeong) 지음 | 값 18,900원

"남들이 미쳤다고 말할 때 기획은 완성된다!"
원더걸스에서 2PM, 러블리즈, 이달의 소녀, tripleS까지
K-POP 업계를 뒤바꾼 기획자의 시선, 그 혁신적 감각에 대하여

브라이언 트레이시 자기 확신론, 브라이언 트레이시 시간 관리론

위대한 행동주의자의 성공 원칙 시리즈

브라이언 트레이시 지음 | 각권 20,000원, 22,000원

"당신이 할 수 있는 것, 될 수 있는 것, 이룰 수 있는 것에는 한계가 없다!"
현존하는 인물 중 세계에서 가장 영향력 있는 자기계발 전문가
브라이언 트레이시의 성공 법칙 실천편!

2026 한국경제 대전망
2026 ECONOMIC ISSUES & TRENDS
오철·이근 외 경제추격연구소 지음 | 값 24,000원

"경제전문가 35인이 진단한 2026 한국경제의 미래!"
기존 질서가 무너지고 새로운 판이 짜이는 신 춘추전국시대! 경제 대전환의
시기에 꼭 읽어야 할 대한민국 최고 경제전문가 35인의 미래 인사이트

정서적 연봉
월급쟁이에게 돈보다 중요한 것
신재용 지음 | 값 22,000원

"인재가 구글에 가는 건 못 막더라도
경쟁사에 뺏겨서는 안 되지 않겠는가?"
국내 최초, 조직문화에 값을 매기다.
일 잘하는 직원을 잡으려면 감정 급여를 챙겨라!

Philos 040
자유의 길
경제학은 어떻게 좋은 사회를 만들 수 있는가
조지프 스티글리츠 지음 | 이강국 옮김 | 값 34,000원

자칭 '자유의 수호자'들은 어떻게 자유를 억압해 왔는가?
오늘날 가장 오남용되는 문제적 개념, 노벨상 수상 경제학자의 눈으로 바라
본 자유

대한민국, 넥스트 레벨 2
철학·정치·사회·경제·통섭 최고 전문가 17인의
국가 재설계 제안
코리아다이나미즘포럼 편저 | 값 28,000원

"분열의 시대에 다시 함께 사는 법을 묻다!"
한국 사회 대전환의 5대 실천 코드 새롭게 일어설 대한민국을 위한 전문가
17인의 제언

초연결 지구에서 무역하라
무역은 사라지고, 연결만 남는다
양송이·최건식 지음 | 값 17,000원

"이 시대 수출은 '보내는 것'이 아니라 '보이게 하는 것'!"
수출에 대한 고정관념에서 탈피하고 전통적 수출 방식에서 벗어나
디지털 생태계 속 새로운 무역의 길을 제시한다.

있다. 나는 이것을 '에너지 질문Energizing Question'이라 부른다.

바쁜 일상에 치여 살다 보면 건조한 질문에 익숙해진다. 사실을 확인하거나 문제를 해결하기 위한 질문, 쓸모는 있으나 마음의 기운을 소모시키는 질문들로 하루하루가 채워진다. 가끔은 마이너스였던 감정을 플러스로 전환해주는 대화가 필요하다. 그럴 때 상대를 위한 맞춤 에너지 질문을 건네보자.

⌣ 나를 좋아하게 하는 방법

사춘기에 접어든 큰아이와 종종 감정 마찰이 생긴다. 공부가 점점 어려워지면서 짜증이 늘기도 했고, 미디어 사용 시간을 지키게 하거나 동생과의 다툼을 중재하는 과정에서도 서로 마음이 상하는 일이 잦다. 어떻게 해야 사춘기라는 긴 터널을 지혜롭게 함께 통과할 수 있을지 부모로서의 고민이 깊어진다.

그럴 때 도움이 되는 대화법 중 하나가 바로 에너지 질문이다. 가족들과 주말 산책을 나가면, 나는 일부러 먼저 게임 이야기를 꺼낸다. 게임은 큰아들의 에너지 버튼이다. 평소에 가장 좋아하고, 엄마보다 훨씬 유능하며, 할 때마다 성취감을 느끼는 특별한 주제이기 때문이다.

에너지를 높이는 키워드만 알면 질문은 그리 어렵지 않다. 아이가 말하고 싶어 하는 것을 골라서 묻기만 하면 된다. "그 갑옷은 뭐가 좋은데?", "이번주에는 로블록스 얼마나 모았어? 어떻게 쓰고 싶어?", "그거 가지면 친구들이 뭐래?"라는 식으로 질문을 이어간다. 그러면 어느새 아이는 엄마 곁에 바짝 붙어 다정하게 대답하면서 쌩쌩하게 활기가 돈다. 그 잠깐의 대화는 아이의 세계를 이해하는 데 도움이 될 뿐더러, 깎였던 관계 점수를 재건하는 데도 상당히 유용하다.

하버드 비즈니스 스쿨에 게재된 〈놀라운 질문의 힘〉 아티클에서는 질문이 정보 교환(학습)과 이미지 관리(호감)라는 대화의 두 가지를 목표를 모두 달성하게 한다고 설명한다. 이를 뒷받침하기 위해 하버드 대학교에서 흥미로운 실험이 진행됐다. 연구자들은 온라인 채팅에서 만난 참가자들이 서로 알아가면서 자연스럽게 주고받는 대화 내용을 조사했다.

단 질문의 효과성을 검증하기 위해 참가자들을 두 그룹으로 나누었다. 한 그룹에는 질문을 많이 하도록 요청하고(15분간 최소 9개 이상), 다른 그룹은 일부러 적게(15분간 4개 이하) 하게 했다. 결과적으로 온라인 채팅에서 질문을 많이 한 사람은 상대로부터 상당한 호감을 얻었다. 동시에 타인의 관심사를 더 잘 파악하는 모습을 보이기도 했다. 이는 빠르게 파트너를 교체하면서 진행되는 대면 맞선 형태의 다른 실험에서도 비슷한 결과로 나타났다.

연구에서도 보여주듯이 질문은 상대를 이해하는 데 도움이 될 뿐만 아니라 호감을 얻는 데도 매우 유용한 도구다. 그러나 사람들은 그것이 질문으로 인한 영향력인지 제대로 알지 못한다. 앞의 실험에서도 사람들은 대화 중에 자신이 받은 질문의 개수를 기억하긴 했지만, 정작 질문이 호감도를 높이는 데 도움이 되었다는 사실은 알아차리지 못했다. 다른 연구 상황에서도 마찬가지로 참가자 대부분이 질문을 주고받는 과정에서 서로 사이가 좋아진다는 점은 미처 깨닫지 못했다.

나는 이 방법을 일상에서 적극적으로 활용한다. 바쁘게 살다 보면 남편의 고단함을 모른 척하게 될 때가 있고, 혼자 지내시는 친정엄마에게 너무 무심했나 싶어 죄송할 때도 있다. 그럴 때면 일부러 질문을 한다. 지난 주말에는 가족들에게 아래와 같은 질문을 했다.

"AI는 앞으로 당신이 하는 일에 어떤 영향이 있을 것 같아요?" (IT 분야의 일을 하는 남편에게)

"너희 친구들끼리 게임 등수는 어떻게 돼?" (게임에 몰두 중인 큰아들에게)

"태권도 할 때 발차기는 어떻게 해야 잘할 수 있어?" (태

권도 부심이 있는 작은아들에게)

"엄마는 젊은 때도 피부가 좋았지?" (부쩍 피부과에 관심이

많아진 엄마에게)

상대가 깊은 관심을 두고 있으며 몰입도와 관여도가 높은 주제에 대해 질문하면 그 대화 속에서 관계의 자산이 쌓인다. 내가 질문하고 대답을 기다리는 잠깐 사이에 가족들은 작은 생기를 되찾았다. 마음껏 이야기하고 나면 에너지가 차오르는 게 보였고, 덩달아 마음까지 활짝 열렸다. 그렇게 피어나는 얼굴을 곁에서 지켜보는 일이 참 좋았다.

그러다 새로운 정보를 얻게 되는 날도 있다. AI로 시작된 대화가 중년기 진로에 대한 고민으로 이어지기도 하고, 게임 이야기가 친구들과 있었던 작은 다툼으로 연결되기도 한다. 그러고 나면 가족들은 마음의 독소를 털어낸 사람처럼 가벼운 얼굴이 되었다.

몸과 마음을 부대끼며 사는 사이에서는 어쩔 수 없이 관계의 계좌에서 잔고가 인출될 일이 많다. 잔소리를 하고, 짜증을 내고, 서로를 바꾸려는 동안에 조금씩 생채기가 난다. 그러나 틈틈이 다시 입금을 해나가면 된다. 일부러 시간을 내어 상대에게 의미 있는 키

워드를 찾아 질문하면 관계의 계좌는 다시 플러스로 돌아온다.

이때 가장 효과적인 것이 바로 에너지를 높이는 질문이다. 지금 잘하고 있고 앞으로도 더 잘하고 싶어하는 분야에 대한 질문, 시간이나 돈으로 관심을 쏟고 있는 일에 대한 질문, 최근 들어 부쩍 몰입하고 있는 취미나 콘텐츠 등에 대한 질문이라면 제격이다.

협상이나 경쟁의 대화처럼 전략적인 질문이 필요한 자리가 아니라면 그저 상대를 웃게 하고, 흥을 돋우며, 자신감을 북돋아주는 질문을 해보자. 말하면서 긍정적인 감정을 경험하는 것은 물론이고 그것을 질문한 사람까지 좋아하게 될 테니 그야말로 서로 좋은 대화다.

TYPE A VS. TYPE B

사람은 언어와 비언어로 에너지를 내뿜는다. 말의 내용과 길이, 표정, 눈맞춤, 목소리 톤과 높낮이, 몸의 동작, 바꿔 앉는 자세, 중간중간 새어 나오는 한숨 소리까지, 이 모두가 에너지의 표현이다. 에너지를 높이는 질문을 하려면 이러한 변화를 잘 관찰해야 한다. 상대의 반응만 놓치지 않아도 지금 던진 질문이 대화의 흐름에 썩 잘 어울리는지, 아니면 어딘가 어색한지 스스로 가늠할 수 있다.

질문 워크숍을 할 때는 질문 유형에 따라 에너지가 어떻게 달라지는지 관찰하는 훈련을 한다. 방법은 이렇다. 수업에 참석한 학습자 중에서 자발적 참여자 한 명을 무대 앞의 준비된 의자에 앉힌다. 앞으로 이 사람을 주인공이라 부르자. 이제 주인공에게 요즘 가지고 있는 고민 한 가지를 공유해달라고 요청한다. 그러면 다이어트, 금연, 인간관계의 갈등, 투자 실패 등 다양한 주제와 크기의 화두가 등장한다. 다음은 최근에 있었던 한 워크숍에서 30대 중반의 남성이 꺼낸 이야기다.

> "친구가 없어서 고민이에요. 사회에서 만난 친구는 아무래도 마음을 트기가 어렵고, 또 옛날 친구들과는 연락이 거의 끊겼거든요. 그동안 인간관계를 너무 못했나 싶어요."

고민이 공유되면 강사는 먼저 [TYPE A]의 질문 세트를 화면에 띄운다. 이제 자리에 앉아 있는 사람들은 돌아가면서 주인공을 향해 화면에 보이는 질문을 하면 된다. 이때 주인공은 동료들이 건네는 질문을 잘 듣고 자기 생각을 답한다.

자, 모든 준비는 끝났고 이제 우리는 주인공을 관찰할 차례다. 그가 어떤 말을 하는지, 말할 때 어떤 비언어적 특징이 드러나는지,

에너지가 오르내리는 순간이 언제인지 살펴본다. 그리고 그 변화를 주의 깊게 관찰하고 기록한다. 대략 [TYPE A]의 질문과 답은 이렇게 흘러간다.

〔 TYPE A 〕

"지금 제일 큰 문제는 무엇이죠?"(문제)

"친구가 없다는 거죠. (머리를 긁적이며 살짝 웃는다.)"

"왜 그런 문제가 생겼다고 생각하세요?"(원인)

"아무래도 제가 문제겠지요. (시선이 아래를 향한다.) 주변 사람들에게 먼저 연락하면서 챙기는 스타일도 아니고, 성격도 살갑지 못하거든요. 하…… (작게 한숨을 쉰다.) 그러다 보니까 하나둘 멀어진 것 같은데요……. (목소리가 작아진다.)"

"미리 대처하지 못한 이유가 뭔가요?"(책임)

"핑계를 대자면, 저도 여력이 없었어요. (얼굴이 붉어진다.) 학교 졸업하고 취업하고, 그 사이에 일이 좀 많았거든요, 정신이 없었죠. 뭐 다 그렇게 바쁠 때니까 이해해주겠지, 하고 저 편한 대로 생각했던 것도 같고요……. (갑자기 말이 빨라진다.)"

"가장 후회되는 것은 무엇인가요?"(부정적 정서)

"친구들이 연락했을 때 바쁘다고만 한 거요. (어깨를 움츠린다.) 그 친구들도 한가해서 연락한 것은 아닐 텐데…… 돌아보면 너무 제 생각만 했어요. (두 손을 맞잡고 비빈다.)"

"계속 이대로 지속되면 어떨까요?"(불안감 조성)

"더 고립되겠죠…… 회사 일, 회사 일만 반복하고. 아, 진짜 지루한 삶이네요. (고개를 가로젓는다.)"

[TYPE A]가 끝나면 이번에는 [TYPE B] 유형의 질문을 진행한다. 이번에는 이전의 질문과 에너지 수준이 다른 질문들을 준비해두었다. 질문이 달라지는 만큼 앞서와는 다른 온도와 방향으로 대화가 전개될 것이다. 이번에도 학습자들은 주인공의 에너지가 어떻게 변화되는지 주의 깊게 관찰하기로 한다.

〔 TYPE B 〕

"그 문제가 어떻게 해결되었으면 좋겠어요?"(목표)

"음…… (시간이 소요된다.) 가끔 주말에 친구 만나서 맛있는 거 같이 먹고, 사는 이야기도 하는 평범한 행복을 되찾고 싶어요. (웃는다.) 서로 소소한 축하도 나누고 위로도 하면서 좋아하는 사람들 사이에서 살고 싶어요. (사람들과 시선을 맞춘다.)"

"그렇게 되면 어떤 점이 좋아질까요?"(이득)

"정신 건강에 도움이 되지 않을까요? (고개를 끄덕인다.) 뭐든 혼자서 고민하다 보면 쓸데없이 생각만 복잡해지고, 더 괴로워질 때가 많거든요. 요즘 회사에서 스트레스도 많이 받는데, 친구들하고 만나서 풀면 한결 가벼워질 수 있을 것 같고요. (목소리가 커진다.)"

"만약 그렇게 된다면 마음이 어떨 것 같아요?"(긍정적 정서)

"저도 더 행복질 것 같고, 친구들에게 고마운 마음도 들고…… 그런 관계들이 더 소중하게 느껴질 것 같아요. (얼굴이 빨개지면서 웃는다.)"

"그것을 이루기 위해 당신이 할 수 있는 일이 있다면?"(계획)

"질문을 받고 생각해보니까 제가 먼저 친구에게 연락을 해보면 되는 건데요. 사실 뭐 그렇게 어려운 일도 아닌

데 괜히 용기가 필요하더라고요. (웃으며 전체를 둘러본다.)"

"그럼 당장 무엇부터 시작해보고 싶어요?"(실행)
"가장 보고 싶은 친구 한 명이 있어요. 이번 주말에 만나서 맥주 한잔하자고 연락해봐야겠어요! 감사합니다! (화이팅 포즈를 취한다.)"

⌣ 대화하고 싶은 사람

눈치겠지만 [TYPE A]는 문제의 원인을 분석하고 책임을 가리기 위한 '문제 분석적 질문'이다. 이런 질문은 부정적 정서를 불러일으키고, 후회와 자책, 불안과 두려움을 자극하기 쉽다. 흥미로운 점은, 사람들은 이런 유형의 질문을 받는 데 오히려 익숙해 보인다는 것이다. 그래서 대부분 큰 고민 없이 빠르게 반응하는 모습을 보인다. 그러나 말의 길이는 상대적으로 짧고 내용도 단조롭다. 다만 자기 변호나 방어를 드러낼 때만 갑자기 말이 빨라지고 길어진다.

비언어적으로는 표정이 굳어지거나 어색하게 웃는 경우가 많다. 실습이 진행될수록 동료들과 눈을 맞추기보다는 시선을 떨어뜨리며, 목소리 톤도 낮아진다. 머리를 긁거나, 손을 비비거나, 불편한 감정을 해소하려는 몸짓이 잦아진다. 물론 사람마다 다르지만, 어떤 참가자는 몸을 웅크리거나 자신의 팔로 몸을 안은 채 말하기도 한다. 실습이 마무리되면, 주인공은 다음과 같은 소감을 전한다.

> "말하다 보니, 제가 뭐 큰 잘못이라도 한 것 같은 기분이 드네요."
>
> "말을 할수록 기분이 좋지는 않네요."
>
> "저를 자꾸 방어하면서 말하게 돼요."

반면 [TYPE B] 질문은 미래 지향적이다. 문제를 확인하는 대신 목표를 묻고, 실수를 추적하는 대신 앞으로의 계획을 탐색한다. 이를 '해결 지향적 질문'이라 한다. 개인차는 있지만 해결 지향적 질문을 받으면 대부분의 사람들이 첫 문장을 내뱉기 전에 잠시 뜸을 들인다. 생각을 정리하고, 스스로 답을 찾아 말하기까지 시간이 걸리기 때문이다. 그러나 일단 입을 열면 말의 양은 많아진다. '말을 하다 보니', '갑자기 생각이 났는데' 하면서 이야기를 덧붙이며 생각을 넓혀가기도 한다.

비언어적으로는 변화가 더 뚜렷하다. 우선 목소리가 한결 밝고 높아진다. 몸은 점점 개방적인 자세로 바뀐다. 웅크리거나 돌려 앉기보다는 허리와 가슴을 펴고 동료들과 눈을 맞춘다. 중간중간 질문한 사람과 눈을 마주치고 미소 짓는 모습도 관찰된다. 확실히 [TYPE A] 유형보다 긍정적인 분위기가 조성되고, 공간의 에너지도 높아진다. [TYPE B] 질문 체험을 마친 사람들은 공통적으로 다음과 같은 소감을 나눈다.

“왠지 말하면서 기분이 좋아져요.”
“확실히 앞의 질문들보다는 생각을 더 하게 되네요.”
“아까는 공격받는 느낌이 들었는데, 이번에는 같은 편이라는 생각이 듭니다.”

어떤 질문이 더 좋은 질문일까? 상황에 따라서는 현재 일어난 문제의 원인을 밝혀내고 책임을 명확히 하며, 위기의식을 자극하는 질문이 필요할 때도 있다. 그러나 이러한 유형의 질문은 깊은 사고나 자발적 성찰을 이끌어내기 어렵고, 긍정적인 동기를 불러일으키기에도 힘이 부족하다. 무엇보다 사람의 눈을 마주 보는 대면 상황에서는 사기를 떨어뜨린다.

반면 문제가 해결된 바람직한 상태, 내가 바라고 이루고자 하는 목표에 대해서 질문받을 때는 사람들의 에너지가 오른다. 이미 벌어진 일을 되새기기보다, 지금 내가 할 수 있는 작은 계획과 실행에 관해 이야기할 때 심리적 안정감이 생긴다. 이는 본인 스스로 심리적 통제감을 느끼기 때문이다. 심리적 통제감이란 내가 실제로 이 문제를 다룰 수 있다는 믿음을 말하는데, 문제 해결에 필요한 효능감을 발휘하는 데 무척 중요한 역할을 하는 에너지이다.

《기록의 쓸모》의 저자이자 마케터 출신의 이승희 작가는 한 인터뷰에서 '질문'과 '고민'의 차이에 대해 언급한 적이 있다. 그녀는 질문이 고민에 방향성을 부여하며, 구체적인 질문은 고민을 해결할 수 있도록 도움을 준다고 말했다. 또 고민이 우리를 멈춰 있게 한다면, 질문은 움직이게 만든다는 측면에서 고민은 명사고, 질문은 동사라고 설명했다.

이런 관점에서 보자면 [TYPE A]는 고민이고, [TYPE B]는 질문이다. [TYPE A]가 무엇이 문제인지 찾는 단계라면, 우리는 거기에 머물지 말고 한 걸음 더 나아가야 한다. [TYPE B]의 질문을 따라가다 보면 비로소 반복되는 고민에서 벗어나 실행으로 향하는 길을 찾게 된다.

그렇다면 [TYPE B] 유형의 질문을 일상에서 어떻게 사용하면 좋을까? 예를 들어서 '요즘은 물만 먹어도 살이 찐다'고 속상해하는 친구가 있다고 가정해보자. 그럴 때 우리는 다음과 같은 에너지 질문으로 대화를 이어갈 수 있다.

> "얼마나 빼고 싶은데?"(목표)
>
> "살을 빼면 뭐가 가장 좋을 것 같아?"(이득)
>
> "만약 원하는 몸무게가 되면 뭐부터 해보고 싶어? 기분
>
> 이 어떨까?"(긍정적 감정)
>
> "네가 해볼 수 있는 다이어트 방법은 뭐야?"(계획)
>
> "그중에서 무엇부터 시작할 수 있을 것 같아?"(실행)

이런 유형의 질문은 "너의 가장 큰 문제가 뭐라고 생각해?(문제)", "왜 이렇게까지 살이 찐 건데?(원인)", "진작 다이어트 하지 못한 이유가 뭐야?(책임)", "가장 후회되는 건 뭔데?(부정적 정서)", "몸무게가 계속 이대로면 어떨 것 같아?(불안감 조성)"와 같은 질문을 할 때보다 장기적인 관계 지속에 훨씬 도움이 된다.

가까운 사이일수록 위협을 통해서라도 문제를 해결해주고 싶은 마음이 앞설 수 있지만, 불안감과 두려움을 조성하는 질문은 주변에 차고 넘친다. 매일 문제와 잘못만 짚어내는 사람들 속에서 우리는 이미 지치고 피곤하다. 오늘만큼은 친한 친구, 오래된 동료, 가족에게 [TYPE B]의 질문을 건네보자. 잘못된 어제가 아니라, 괜찮

은 오늘과 내일을 기대하는 우리의 다정한 믿음을 보여주자.

나이가 찰수록 넓은 관계보다 깊은 관계에서의 만족감이 더 중요해진다. 로라 카스텐슨 미국 스탠퍼드대 심리학과 교수는 '사회정서적 선택 이론'의 발표를 통하여 인간은 나이를 먹어가면서 새로운 인간관계를 시작하려 하기보다는 오랫동안 알고 지내온 가까운 사람들과 시간을 보내고 싶어한다고 말했다.

그래서일까, 갈수록 첫눈에 매력을 발산하는 사람보다는 편하게 같이 대화할 수 있는 사람이 좋다. 에너지를 불어넣는 질문으로 사기를 높여주는 사람, 적어도 내가 썩 잘 살아가고 있다는 위안을 주는 사람, 작지만 확실한 가능성에 관해 대화할 수 있는 사람 말이다. 그런 사람 곁에 오래 머물고 싶다.

| 에너지 질문하기 |

1. **어떤 질문을 받는가에 따라 사람의 에너지 수준이 달라진다.**
2. **에너지 질문을 하면 상대를 더 이해하게 되고 호감도가 높아진다.**
3. **좋아하는 것, 해낸 것, 관심을 쏟는 것, 잘 알고 있는 것 등 관여도가 높은 것을 질문한다.**
4. **문제가 해결된 긍정적 상태를 그려보도록 하는 해결 지향적 질문은 에너지를 높인다.**
5. **내가 할 수 있는 일을 계획하고 실행을 확인하는 통제감 질문은 기운을 준다.**

관심과 존중을 전하는 법

시제 질문

친구가 "요즘은 별로 사는 재미가 없다"고 말할 때, 우리는 어떻게 반응할까. "누구는 재미있어서 사니?" 하고 핀잔을 줄 수도 있고, "왜 재미가 없는데?"라고 친구의 마음을 짐작하기 위한 질문을 던질 수도 있다. 아니면 "너는 살면서 언제가 가장 살 만했어?"라거나 "어떤 재미를 되찾고 싶은데?"라고 물을 수도 있을 것이다.

이 질문에는 엄청난 시간의 격차가 있다. "왜 재미가 없는데?"라는 질문은 현재 시점에서의 이유를 알아보기 위한 의도다. 반면 "너는 살면서 언제가 가장 살 만했어?" 혹은 "어떤 재미를 되찾고 싶은데?"라는 질문은 현재의 시점을 잠시 벗어난다. 과거와 미래라는 긴 시간의 축에서 한 사람을 폭넓게 바라보게 만드는 질문이다.

이렇게 한 사람을 거대한 시간의 축 안에서 바라보는 질문을 '시제 질문Time-Frame Questioning'이라 부른다. 시제 질문법은 상대가 충실하게 쌓아왔을 시간에 대한 존경의 표현이다. 과거를 살아냈고, 현재를 살아가고 있으며, 또 미래를 만들어가는 역동적인 존재로서 누군가를 바라봐야 비로소 가능한 질문이기에 그렇다. 과거나 미래를 궁금해한다는 사실 자체가 상대방에게는 관심과 응원으로 전해진다.

현재 질문법

이런 상황을 가정해보자. 당신은 IT 기업에서 프로그램 개발 및 운영 업무를 맡고 있다. 최근에는 한 고객사와의 중요한 프로젝트를 맡아 진행 중인데, 어느 날 뜻밖의 문제가 생겼다. 고객사에서 프로젝트 핵심 멤버 중의 한 명인 K의 일처리 방식에 대해 불만을 제기한 것이다. 담당자를 교체했으면 좋겠다는 연락이 왔고, K 역시 이러한 내용을 인지하고 있다.

자, 이제 당신은 프로젝트 리더로서 K와 면담을 해야 한다. 벌써부터 어떻게 대화를 해나가야 할지 고민스러울 것이다. 무엇보다 열심히 일하는 팀원의 사기가 떨어지지 않을까도 염려된다. 그렇지만 고객사에서 멤버 교체까지 요청한 이상 가볍게 넘어갈 수는 없는 사안이다.

구성원의 동기가 마음 쓰이는 대화라면 무엇보다 충분한 질문과 경청이 필요하다. K의 생각이나 일의 사정을 먼저 묻고 들은 뒤에 조언을 해도 늦지 않는다. 그래야 K는 자율성과 주도권을 잃지 않고, 리더는 그를 믿고 함께 문제를 해결하고자 하는 진심을 전할 수 있다. 어렵고 까다로운 대화일수록 '선 질문, 후 피드백'의 순서를 지키는 것이 중요하다.

자, 이제 질문이 필요한 순간이다. K를 더 이해하고, K 스스로 더 나은 해답을 찾는 데 도움이 되는 질문이란 무엇일까? 어떤 질문이 관계와 성과에 도움이 될까?

이와 같은 상황을 질문 워크숍 실습에서도 자주 다룬다. 참여자들에게 "당신이 프로젝트 리더라면 K에게 어떤 질문을 하겠는가?"라고 묻고, 각자 2-3개의 질문을 작성해보게 한다. 그러면 대부분의 경우 아래와 같은 질문들이 반복적으로 등장한다.

"현재 어떤 상황이죠?"

"무슨 문제가 있었던 건가요?"

"내가 모르는 어떤 일이 있었나요?"

"그쪽에서 왜 그런 문제를 제기했다고 생각해요?"

"고객사의 의견에 대한 당신 입장은 어때요?"

"같이 이야기는 해봤나요?"

"어떻게 해결할 생각이죠?"

위와 같은 질문들의 공통점은 '지금 일어난 일'을 확인하기 위한 질문이라는 점이다. 왜 이런 문제가 생겼는지, 원인은 무엇인지, 상황을 정확히 파악해서 빠르게 해결책을 찾으려는 의도가 담겨 있다. 시간의 관점에서 볼 때 이런 유형의 질문을 현재 질문^{present question}이라 부른다.

현재 질문은 나쁜 질문은 아니지만, 가장 흔한 질문이다. 불만족스러운 상황에 놓이면 가장 먼저, 쉽게 하게 되는 질문이기도 하다. 이 질문은 현상을 신속하게 파악하는 데 도움이 되지만, 사람을 깊게 이해하거나 신뢰를 쌓는 데는 한계가 있다. 현재 질문만으로는 상대의 마음, 동기, 목표와 기대, 아직 듣지 못한 속사정처럼 보다 넓은 이해의 영역에 닿기는 어렵기 때문이다.

우리에게는 지금 사용하는 것보다 다양한 레퍼토리의 질문이 필요하다. 리더가 고객사의 입장만 고려하는 것이 아니라, K의 생각과 관점도 진심으로 알고 싶어한다는 것, 문제 해결에만 집중하고 있는 게 아니라 K의 성장을 고려하며 돕고 싶어한다는 것이 느껴지는 질문 말이다. 그런 질문을 하기 위해서는 사람을 보다 긴 시간의 축에서 바라볼 필요가 있다.

미래 질문법

사람을 긴 시간의 축에서 바라본다는 것은 문제가 일어난 현재에 머무르지 않고 더 확장된 시제−즉 과거past, 현재present, 미래future의 연장선 위에서 상대를 이해한다는 뜻이다. 우리는 과거를 지나왔고, 현재를 살아가면서 동시에 미래를 향해 나아가고 있다. 비록 지금의 나는 어려움에 맞닥뜨렸을지라도 과거의 나는 그것을 견뎌낸 사람이고, 미래의 나는 또 다른 가능성을 품은 존재다. 이렇게 한 사람을 확장된 시간의 축에서 바라보면 지금까지와는 다른 또 다른 차원의 나를 발견하게 된다. 그래서 완전히 다른 시각의 질문이 가능해진다.

먼저 미래에 대해 생각해보자. 현재 지점에서 미래를 바라보는 방법은 크게 두 가지가 있다. 하나는 '구체적인 목표'에 초점을 두는 것이다. 우선 상대가 무엇을 해내고 싶은지, 또 어떤 결과를 기대하는지에 대하여 질문해볼 수 있다. 우리는 이미 정해진 목표를 설명하고 설득하는 데는 익숙하지만, 그에 앞서 상대가 바라고 기대하는 목표는 무엇인지, 또 탁월함의 수준과 기준이 무엇인지에 관해서는 잘 묻지 않는다. 이를 알아야 서로의 간극을 이해할 수 있게 되고, 또한 개인의 목표를 상기시킴으로써 자신의 역할과 위치를 점검하도록 도울 수도 있다.

다른 하나는 목표 달성을 위한 '내면의 동기'에 관심을 두는 것이다. 같은 일을 하더라도 더 열심히 성장할 수 있는 원동력이 되어주는 동기는 사람마다 다를 수 있다. 인정과 성취의 동기, 배움과 성장의 동기, 기여와 영향력의 동기, 관계와 사회성의 동기 등 개인의 내적 동기는 다양하다.

따라서 상대가 목표를 통해 궁극적으로 무엇을 얻고자 하는지, 그리고 지금의 노력이 어떤 의미를 가지는지를 물을 때, 스스로도 자신의 가치나 동력을 확인하게 된다. 그리고 이러한 성찰은 다시 내적인 동기를 자극해 포기하지 않고 앞으로 나아가도록 도움을 준다.

〔구체적인 목표를 묻는 질문〕
"처음 당신이 기대했던 프로젝트의 성과는 무엇인가요?"

"이 프로젝트를 통해 당신이 정말 해내고 싶은 것은 무
엇이죠?"
"이 프로젝트가 어떻게 마무리되기를 기대하나요?"
"당신이 생각하는 '성공적이다'의 기준은 무엇인가요?"
"당신이 이번 일에서 탁월함을 발휘하고 싶은 영역은
무엇인가요?"

〔내면의 동기를 묻는 질문〕

"이번 일은 당신에게 어떤 의미가 있나요?"
"이 고비를 넘기면 당신은 무엇을 배우게 될까요?"
"당신의 커리어에서 이번 프로젝트는 무엇을 남기게 될
까요?"
"당신이 일을 지속할 수 있는 동기가 되어주는 것은 무
엇인가요?"
"이 일을 통해 누구에게, 어떤 영향력을 주고 싶나요?"

　누군가의 목표와 동기가 기대되지 않을 때는 미래에 대한 질문
을 멈추게 된다. 이를테면 아이들이 어릴 때, 그러니까 자녀가 지
닌 무한한 가능성을 믿고 기대할 때는 부모의 질문이 계속된다. 부
모는 자녀에게 "커서 뭐가 되고 싶어?", "너는 꿈이 뭐야?"라고 열

심히 묻는다. 하지만 학교에서 시험 성적을 받고 순위가 매겨지며 현실을 벽을 실감하게 되면 이야기가 달라진다. 이전만큼 미래 질문을 하지 않게 된다. 언제부턴가 "너 공부 얼마나 했어?", "숙제는 왜 아직 안 한 거야?"라는 현재 질문만 남는다.

그런 의미에서 리더가 K에게 미래 질문을 한다는 것은 여전히 그의 가능성과 능력을 믿고 있으며, 내일을 기대한다는 응원의 마음을 전하는 일이라고 볼 수 있다. 그래서 사람들은 미래 질문을 받고 답할 때면 잠시 잊고 있던 활력과 열정을 되찾는다. 질문 속에서 상대방의 믿음이 고스란히 전해지며 내면의 에너지가 다시 살아난다.

과거 질문법

이번에는 시간의 축을 따라 과거로 이동해보자. 한 사람의 과거를 묻는다는 것은 상대가 이미 가진 경험과 그간의 노력에 대해 더 알고 싶다는 뜻이다. 이러한 질문을 할 때 자신의 이야기를 들려주려는 충동을 견뎌야 한다. 지금껏 만났던 갑질 고객사나 혹은 고객사를 대하는 노하우를 알려주고 싶은 마음이 앞서면 금세 말이 길어지고 중심을 잃기 쉽다. 말하기 욕구를 잠시 내려놓고 과거 질문을 던지는 행위는 한 사람이 성실하게 축적해온 귀한 시간에 대한 예의이자, 다름을 존중하는 태도이다. 가르치려 하지 않고 상대의 경험을 이해의 대상으로 바라보는 순간, 대화에는 따뜻한 신뢰가 흐른다.

과거 질문 역시 크게 두 가지로 나뉘는데, 하나는 '성공 경험'에 관한 것이다. 누구나 크고 작은 성공의 순간이 있다. 지금은 비록 고객사와의 문제로 어려움을 겪고 있지만, K 역시 과거에 프로젝트를 성공적으로 이끌었던 경험이 있을 것이다. 그것에 대해 묻고 답하다 보면 자연스럽게 자신감이 회복된다. 리더가 억지로 칭찬거리를 찾지 않더라도 과거에 잘했던 일이나 역경의 극복 스토리에 대해 이야기하는 동안 자연스럽게 K의 강점과 역량이 확인된다. 그렇게 발견한 자원은 지금의 어려움을 해결하는 힘으로 전환될 수 있다.

과거 질문의 또 다른 형태는 '실패 경험'에 관한 것이다. 일을 하다 보면 실수할 수도 있기에, 돌아볼 때 아쉽고 후회되는 순간들이 있기 마련이다. 하지만 그것은 버려진 시간이 아니라 값비싼 대가로 얻는 배움의 시간이다. 이러한 관점에서 과거 질문을 한다면 이전에는 어떤 어려움이 있었는지, 그 경험을 통해 무엇을 깨닫게 되었는지, 그렇다면 이번에는 어떻게 다르게 해보고 싶은지 물을 수 있다. 이처럼 실패와 회복에 관한 질문에 답하는 동안 새로운 성찰이나 아이디어를 얻게 되고, 그것은 다시 현재의 문제를 풀기 위한 실마리가 되기도 한다.

〔성공 경험을 묻는 질문〕

"지금까지 가장 성공적으로 마무리했던 프로젝트는 무엇이었나요?"

"그것이 잘될 수 있었던 이유가 뭐라고 생각해요?"

"그때 당신은 어떤 능력을 발휘했나요?"

"그것을 통해 알 수 있는 당신의 강점은 뭐라고 생각하나요?"

"현재에 적용할 수 있는 아이디가 있다면 무엇일까요?"

〔실패 경험을 묻는 질문〕

"혹시 이전에도 이와 유사한 어려움이 있었다면 무엇인가요?"

"핵심적인 원인은 무엇이었다고 생각하나요?"

"그때 가장 후회되었던 점은 무엇이었나요?"

"그것을 통해 당신이 깨닫거나 얻는 것은 무엇이었나요?"

"다시 기회가 주어진다면 어떻게 다르게 해보고 싶어요?"

사람은 자신에게 이미 충분한 경험이 있고, 지금의 어려움에도 스스로 대처할 수 있는 능력이 있다고 믿을 때 앞으로 나아갈 수 있다. 다시 말해 내가 가진 자원과 힘을 다시 확인하는 과정에서 에너지가 생긴다는 뜻이다. 과거 질문이 오가는 동안 사람들은 '그동안 내가 열심히 해왔구나' 하는 자기 격려와 위로를 경험한다. 그러다 보면 지금의 문제가 덜 위협적으로 느껴지기도 한다. 답을 찾는 동안 '결국 나는 이번에도 위기를 해결해나갈 것이고, 이번 일은 또 하나의 경험으로 기록될 것이다'라는 사실을 스스로 깨닫게 된다.

인간의 언어가 위대한 이유 중의 하나는 앉은 자리에서 시간 여행이 가능하고, 놀랍게도 우리 뇌는 이에 실제처럼 반응하기 때문이다. 미래는 아직 오지 않았지만, 사람은 목표와 동기를 상기하는 미래 질문을 통해 기대와 의지를 되찾는다. 또 이미 지난 시간이지만, 그 안에서 차곡차곡 쌓아 올린 경험과 교훈을 발견하는 과거 질문을 통해 더 나은 오늘을 만들고 싶은 의욕과 희망도 싹튼다. 질문은 이런 엄청난 일을 해내는 인간적인 도구다.

"했어?", "보냈어?", "왜 그랬어?", "어쩌다 그런 거야?"와 같은 현재 질문만 반복하고 있었다면 이제 미래와 과거로 시선을 옮겨보자. 저조한 실적으로 괴로워하는 후배에게, 새로운 시도 앞에서 불안해하는 자녀에게, 수심 가득한 얼굴로 고민을 털어놓는 친구에게 관심과 애정, 이해와 응원의 마음을 담아 과거와 미래 질문을 시도해보자.

얼마 전 2학년 신학기를 앞두고 긴장한 막내아들에게 "1학년 때는 새로운 친구를 어떻게 사귀었어?"라고 물었다. 아들은 잠시 생각하더니, "내가 만들기를 잘하니까, 아이들하고 금방 친해졌어"라고 대답했다. 아이의 표정에서 자신감이 드러난다. 초등학교 생활 1년 차에게도 크고 작은 성공 경험이 있다는 사실을 잊지 말아야 한다.

부모님과의 갈등으로 힘들어하는 친구에게 "이 문제가 어떻게 정리되면 좋겠어?"라고 미래 질문을 했을 때 친구는 복잡한 머릿속이 한결 정리되었다고 했다. 또 이직을 고민하던 후배에게 "네가 1년이라는 시간을 통해 진짜 얻고 싶은 것이 뭐야?"라는 물음을 던졌을 때 후배는 자신에게 더 중요한 것을 선별해냈다. 그렇게 이야기를 나누는 동안 나는 상대를 더 이해하게 되었고, 우리 사이에는 이전보다 끈끈한 연대감이 만들어졌다.

지금보다 대화에서 질문의 시제가 다양해지면 좋겠다. 과거와 미래 질문을 통해 사건이 아니라 사람도 자세히 볼 수 있기를 바란다. 본래 현재는 먼지투성이다. 그러나 그것이 전부가 아니다. 시간은 그렇게 직선적이거나 단편적으로 흐르지 않는다. 누구에게나 빛나던 순간이 있고, 성장과 배움의 시간이 존재한다. 동시에 여전히 더 나은 곳으로 가고자 하는 열망을 품고 산다. 과거, 현재, 미래를 오가며 희망에 차기도 하고, 불안과 우울에 시달리기도 한다. 이 원리를 충분히 이해하면, 우리는 타인의 삶에 대해 더 겸손한 자세를 취할 수 있다.

유난히 힘든 하루의 끝에 누군가 "넌 어떻게 여기까지 버텨올 수 있었어?"라고 물어온다면, 왈칵 눈물이 날지도 모르겠다. 나조차 잊고 있던 괜찮았던 과거의 내가 떠오를 것 같기 때문이다. 더불어 질문을 해준 이의 애정을 흠뻑 받아 다시 힘이 날 것 같다.

| **시제 질문법 질문하기** |

1. 긴 시간의 축에서 사람을 바라본다는 것은 과거-현재-미래 질문을 건네는 일이다.

2. 현재 질문은 일어난 일의 상태와 상황을 확인하기 위한 질문이다.

3. 미래 질문은 구체적인 목표와 기대, 의미와 동기를 상기시켜 에너지와 추진

력을 높인다.

4. 과거 질문은 성공 경험을 통한 능력과 자원을 확인하고, 실패 경험을 통해 얻은 교훈과 깨달음을 정리함으로써 현재 문제 해결을 위한 아이디어를 찾아준다.

5. 누군가의 시간을 묻는다는 것은 특별한 관심과 애정, 삶에 대한 존중의 표현이다.

대화의 밀도를 높이는 법
깊이와 높이 질문

돌아서면 헛헛한 만남이 있다. 말은 많이 한 것 같은데 별다른 인상을 남기지 않고 끝나버린 대화, 서로를 더 알게 된 것도 아니면서 재미와 의미 그 어느 것도 나누지도 못한 것 같은 대화 말이다. 그저 일어난 사건, 남의 일, 떠도는 소문들만 오간 대화는 관계 자체를 향한 의문을 남긴다.

반면 밀도 있는 대화는 다르다. 공감과 이해가 일어나고, 기대하지 못했던 새로운 인식과 아이디어, 성찰을 얻는다. 인위적으로 나를 숨기거나 보여주려 하지 않아도 진솔한 내가 드러나고, 억지스럽지 않은 편안한 위로가 오간다.

충실한 대화는 저절로 이루어지는 것이 아니다. 깊이와 높이가 확보될 때 가능하다. 아래로는 사람의 마음까지 닻을 내리고, 위에서는 더 넓은 시야로 대상을 바라볼 수 있을 때 질적으로 다른 수준의 대화를 경험하게 된다. 그 공간을 만드는 방법이 바로 '깊이와 높이 질문Deep&Height Question'이다.

내 마음에 관심 있는 사람

20대의 하루는 지금보다 길었다. 수업을 마치면 친구들과 삼삼오오 모여 수다로 빈 시간을 채우곤 했다. 그럴 때면 고민 사연이 끝도 없이 쏟아져 나왔다. 성격이 너무 다른 남자친구, 사이가 어그러진 부모님, 친한 친구와의 거리감이나 배신과 같은 인간관계의 어려움이 단골 주제였다. 대화는 주로 이런 식이었다.

친구 A "진짜 우리 엄마 때문에 미치겠어. 내가 아직도 어린애인 줄 안다니까."

친구 B "맞아. 나도 그래. 나는 며칠 전에……."

친구 C "야! 우리 엄마는 내가 몇 시에 들어오는지 나가는지도 몰라!"

우리는 성이 찰 때까지 말을 했고, 각자의 방식대로 공감하고 위로했다. 다만 그 방식이 서툴러서 남의 일에 쉽게 흥분하며 나섰다. 진실을 알 수 없는 일에도 옳고 그름을 가르려 했고, 자기 경험을 기준으로 일의 경중을 따졌다.

나 역시 다르지 않았다. 친구가 남자친구에 대한 불만을 토로하면 같이 남자친구 흉을 신나게 봤다. 또 다른 친구가 부모에 대한 무관심 때문에 힘들어하면 속으로 '진짜 힘든 게 뭔지 몰라서 그렇지' 하며 대충 흘려들었다. 친구 때문에 속상해하는 후배에게는 "그런 친구는 멀리하는 게 좋다. 신경 쓰지 말라"며 거리낌 없이 훈수를 뒀다.

이제는 만나는 친구의 수도, 그 시간을 누릴 여유도 줄었다. 일과 가정을 돌보느라 가벼운 만남조차 계획을 세워야 겨우 가능하다. 그러나 다행스러운 점은 이전보다 대화의 밀도는 오히려 높아졌다는 사실이다. 마음을 터놓고 만나는 사람의 수는 손에 꼽히지만, 대화의 내용이 충실해지면서 관계의 만족도는 더 높아졌다. 짧은 만남이라도 서로의 감정을 존중하고, 겉도는 안부보다 진심이 오가는 대화를 나누면서 그 시간이 더 풍요롭고 충만해진 게 느껴진다.

갈수록 짧은 시간을 허투루 보내지 않고 서로에게 집중할 수 있는 사람, 선을 넘지 않으면서도 함께 고민을 나눌 수 있는 사람의 곁을 찾게 된다. 이런 관계를 오래 누리려면 이전보다 더 나은 대화 실력이 요구된다.

얼마 전 J 언니와 나눈 대화가 딱 그랬다. 결혼 13년 차쯤 되니까 남편이 몹시 미워질 때가 있다. 나 혼자만 집안일을 다하는 것 같아 억울하고, 남편이 아이들에게 무관심한 것 같아 속상해서 눈을 흘기곤 한다. 이제는 이런 말도 어디 풀어두기 조심스러워 남몰래 삭이던 어느 날, J 언니가 "남편하고는 잘 지내지?" 하고 묻자마자 그동안 쌓아둔 넋두리가 터져 나왔다.

매사에 말이 신중한 언니는 '다 알겠다'라든가 '그건 아니지' 같은 표정 한번을 짓지 않고 이야기를 들었다. 그리고 가만히 고개를 끄덕이며 중간중간 이렇게 질문을 했다.

"그럴 때 네 마음은 어떤데?"
"네가 진짜 남편에게 바라는 게 무엇인 것 같아?"
"혹시, 남편 입장에서는 어떤 생각을 하고 있을까?"

언니의 질문은 내 마음을 다시 들여다보게 했다. 남편의 단점을 들추는 데 열을 내는 대신, 아내로서 가진 바람과 기대가 무엇인지에 집중하게 만들었다. 그리고 나니 남편의 입장에 대해서도 조금은 생각해볼 수 있었다. 내 안의 편견이나 오해가 무엇이었는지도 비로소 헤아려졌다. 당장 상황이 달라지거나 남편을 바꿀 수 있는 것은 아니었지만, 언니 덕분에 우리의 대화는 시작점보다 한걸음 앞으로 나아갔다.

언니는 내 대답이 끝나자 "너는 어떨지 모르겠는데 나는……" 혹은 "그냥 한번 들어봐" 하면서 조심스럽게 자신의 생각을 보태었다. 그 타이밍에 듣게 된 인생 선배의 경험은 따뜻한 지혜로 받아들여졌다. "윤나는 충분히 대화로 해결할 수 있을 거야"라는 응원의 말 역시 겉치레가 아닌 꾹꾹 눌러 담은 진심으로 새겨졌다.

이런 대화를 마치고 돌아가는 길의 발걸음은 가볍고 가슴은 뜨거웠다. 뒷탈을 걱정하지 않아도 되는 대화, 서로 말이 끊기지 않으면서 누구 하나 소외되지 않는 대화, 이전보다 서로를 더 이해하게 되는 대화, 상대가 행복해지기를 진심으로 바라는 그런 대화는 사람의 마음에 환한 불꽃을 지핀다.

무엇보다 여전히 내 마음을 물어주는 사람이 곁에 있다는 사실이 감사하다. 마음이 텁텁한 날, 이렇게 내 마음이 가장 중요하다고 끄덕여주는 사람을 만나면 안정감과 충만감, 뭉클함이 가슴에 한 다발 가득 들어찬다.

◡ 깊이감을 만드는 질문

대화가 깊어진다는 것은 사건이나 사실을 표면적으로 아는 정도에 그치지 않고, 그 중심에 있는 사람의 내면으로 한 걸음 더 들어가는 일을 뜻한다. 깊이 질문을 통해 미처 몰랐던 마음의 사정이 드러날 때, 서로를 향한 공감과 연민은 한층 두터워진다.

사람의 내면은 단순하지 않다. 크게는 감정, 생각, 해석, 욕구, 가치 등이 얽혀 복합적인 층을 이룬다. 따라서 깊이 질문을 한다는 것은 상대가 무엇을 느끼고(감정), 어떻게 지각하고 있는지(생각), 또 그 일을 어떻게 받아들이고 있으며(해석), 또 무엇을 원하고(욕구), 무엇을 중요하게 여기는지(가치)에 관해 묻는 일이다.

> "진짜 우리 엄마 때문에 미치겠어. 내가 아직도 어린애
> 인 줄 안다니까……."

여전히 온갖 일에 간섭하며 자신을 어린아이 취급하는 엄마 때문에 힘들어하는 친구가 있다고 해보자. 이때 우리는 친구의 입장을 완전히 이해하기 쉽지 않다. 하지만 깊이 질문을 사용하면 친구가 스스로 마음을 정리하도록 돕는 동시에, 친구를 향한 이해의 폭도 넓힐 수 있다.

깊이 질문에 정해진 순서가 있는 것은 아니지만, 처음엔 감정 질문으로 시작하는 것이 좋다. 감정은 개인이 느끼는 가장 직접적인 자기감의 신호이기 때문이다. "그럴 때 네 기분은 어때?"라는 질문을 받으면, 사람들은 외부에서 내면으로 시선을 옮긴다. 비로소 자신을 본다. 그렇게 감정을 구별하고 이름 붙이면서 미처 몰랐던 진짜 감정을 깨닫게 된다. 분노 뒤에 가려져 있던 두려움과 슬픔이 모습을 드러내기도 한다.

〔감정 질문하기〕
"그럴 때 네 기분은 어때?"
"속상하고 화가 나. 지금은 좀 슬픈 것 같기도 해."
"그래. 화도 나지만 슬프기도 할 것 같아."

물론 상대의 감정을 추측해서 공감할 수도 있다. 그러나 복잡한 감정을 헤아리기 어려울 때는 아는 척 나서기보다, 화자가 스스로 알아차리도록 질문을 하는 편이 낫다. 좋은 관계는 감정을 공유하고, 서로의 감정을 이해하기 위해 노력하는 관계다. 감정 질문은 그런 친밀한 관계를 만드는 정석적인 질문이다.

다음으로 생각 질문이 있다. 감정과 생각은 긴밀하게 연결되어 있다. 감정을 느꼈다는 것은 생각이 일어났다는 뜻이다. 하지만 생각은 속도가 워낙 빠르고, 자동적으로 일어나기 때문에 자극과 반응 사이에 어떤 생각이 스쳤는지도 알아차리지 못할 때가 많다. 그래서 우리는 때때로 너무 많은 생각 사이를 헤매다 마음의 수렁 속으로 빠져들기도 한다.

〔생각을 질문하기〕
"그럴 때는 어떤 생각이 들어?"
"엄마가 아직도 나를 인정하지 않는구나…… 신뢰하지 않는구나…… 그런 생각?"
"그런 생각까지 들었어? 그 말이 네게는 진짜 큰 상처였네."

그럴 때 생각을 풀어서 말할 수 있도록 질문해주면 한결 정리가 된다. 생각을 말로 꺼내는 것만으로도 찌꺼기나 먼지들이 날아가듯 머리 속이 간결해지기 때문이다. 때로는 자신의 생각을 가만히 따라가보는 것만으로도 간과했던 문제의 본질이 드러나기도 한다.

해석 질문 역시 가능하다. 특정한 감정과 생각이 일어나는 이유는 대상을 해석하는 고유의 프레임이 존재하기 때문이다. 같은 말을 들어도 어떤 프레임으로 받아들이느냐에 따라 외부의 자극을 다르게 걸러내어 듣게 된다. 따라서 해석 질문은 상대가 세상을, 혹은 상황을 어떤 시선으로 바라보고 있는지 알 수 있게 해준다.

〔해석을 질문하기〕

"너는 그 말이 어떻게 받아들여졌는데?"

"나를 비난한다고 받아들여졌지. 아직도 그렇게밖에 못 하냐고 말하는 것 같았어……."

"아, 비난으로 받아들여졌구나……."

"너는 그게 어떻게 받아들여졌어?", "너는 그 말을 어떤 뜻으로 해석했는데?"라고 물어보면 상대의 맥락이 보다 선명해진다. 특히 화자에게 의미 있는 단어나 핵심 문장이 드러나면서 그 사람이 세상을 바라보는 고유한 프레임을 엿볼 수 있다.

위의 예시에서 '비난받는다'라는 단어는 어쩌면 친구에게 조금 특별한 의미일지 모른다. 그러나 누군가의 질문에 답하기 전까지는 자신의 프레임을 자각하지 못하는 경우가 많다. 질문을 통해서야 비로소 자신의 해석 방식을 깨닫는다. 듣는 사람 역시 친구만의 독특한 해설 버전을 들으면서 굳이 이해하려고 애쓰지 않아도 자연스레 고개를 끄덕이게 된다.

욕구 질문도 유용하다. 욕구를 표현한다는 것은 '내가 진짜 원하는 것, 충족하고 싶은 것'에 대해 직접적으로 드러내는 일이다. 우리는 원치 않는 현실과 마주할 때 불만의 언어를 사용한다. 정작 중요한 욕구 표현은 빠져 있는 경우가 많다. "아니, 도대체 왜 나한테 이러냐고!"라는 식으로 말하는 사람은 많지만 "내가 인정받고 싶었나봐"라고 말하는 사람은 흔치 않다. 이처럼 불만의 말 뒤에는 언제나 충족되지 못한 욕구가 숨어 있다.

〔욕구를 질문하기〕
"네가 엄마한테 진짜 원한 건 뭐였던 것 같아?"
"음…… 날 믿어주기 바라는 거지. 좀 부족해도 지켜봐
주기를 바라는 거야."
"믿어주기를 바란 거야. 네 마음이."

누군가 "진짜 네가 원하는 것은 뭐였어?"라는 욕구 질문을 해주면 사람은 본래 가졌던 초심, 마음의 중심으로 돌아갈 수 있다. 결국 내가 얻고 싶고, 해내고 싶었던 좌표 점을 보게 된다. 그렇게 되면 대화의 분위기가 바뀐다. 남 탓이나 자기 비난에서 벗어나 자기 안

의 목표와 바람에 집중할 수 있게 된다.

 가치 질문도 사용해보자. 가치란 우선순위, 즉 '나에게 무엇이 중요한가'를 가리킨다. 가치 질문은 "나는 무엇을 중요하게 생각하는 사람인가?", "왜 이 문제가 나에게 이토록 크게 다가오는가?"를 묻는다. 이 질문은 내 삶에서 진짜로 가치 있는 것을 탐색하고, 흩어진 중요도를 다시 정렬하도록 돕는다.

〔가치 질문하기〕
"너는 엄마와의 관계에서 가장 중요한 게 뭐라고 생각해?"
"무조건 믿어주는 유일한 사람이 되는 거. 그거인 것 같아."
"그래, 믿어주는 유일한 사람."

누구나 자신에게 소중한 것을 지키기 위해 나름의 전투를 벌이며 살아간다. 그러나 비극적인 사실은 대부분 내가 무엇을 상실했는지조차 모르면서 분노하고 괴로워한다는 점이다. 가치 질문은 우리가 지키고자 하는 것, 삶에서 무게 중심을 두는 것이 무엇인지를 살피게 하는 물음이다.

누군가 나의 내면에서 일어나는 숨겨진 감정, 자동적 생각이나 개인적 해석, 긍정적 욕구와 의미 있는 가치에 대해서 궁금해하고, 고개를 끄덕이며 들어주는 경험을 하면 그 마음에 대해 스스로 알게 된다. 대화 자체가 엄청난 위로가 된다. 중요한 사람이 되고자 하는, 누군가와 깊은 연결을 이루고자 하는 인간 본연의 욕구가 충족되기 때문이다.

일의 결과에 실망하고 있을 때 선배가 감정 질문을 해주면 후배의 마음이 열린다. 선배가 보고서에만 열중하는 게 아니라, 내 마음에도 관심이 있다고 느낄 때 비로소 자신이 팀의 일원이라는 것을 체감한다. 부모가 아이에게 자신의 생각과 욕구, 가치를 관찰하는 깊이 질문을 자주 해주면 자녀는 자신의 내면을 살필 줄 아는 사람으로 자란다. 남과 비교하며 흔들리는 대신, 부모에게 배운 내면 질문으로 두 다리를 땅에 단단히 붙이고 살아갈 수 있다.

그러나 아쉽게도 깊이 질문은 일상에서 좀처럼 사용되지 않는다. 요즘의 대화는 갈수록 가벼워지고 방어적이 되어간다. 깊이 질문이 전문가들만 사용하는 특별한 질문이 되지 않기를 바란다. "식사 하셨어요?"처럼 "요즘은 마음이 어때요?"가 상대의 안부를 묻는 흔한 인사 방식이 되었으면 좋겠다.

“그럴 때 네 기분은 어때?”(감정)

“그건 어떤 감정이었던 것 같아?”(감정)

“그럴 때는 어떤 생각이 들어?”(생각)

“그때 바로 떠오른 생각은 뭐였어?”(생각)

“너는 그게 어떻게 받아들여졌는데?”(해석)

“너는 그것을 어떤 의미로 해석했어?”(해석)

“네가 진짜 원한 것은 뭐 같아?”(욕구)

“네가 진짜 해내고 싶었던 것은 뭐야?”(욕구)

“네게 가장 중요한 게 뭐라고 생각해?”(가치)

“지금 너의 우선순위는 무엇일까?”(가치)

“네 마음은 어때?”(마음)

위로 높이를 세우는 질문

어릴 적, 친구에게 엄마를 원망하는 이야기를 한 적이 있었다. '내 주변 할머니들은 다 잘 사는데, 나만 그렇지 않다. 네가 주는 생활비가 늘 모자라다'던 엄마의 말은 아직 채 아물지 못했던 내 상처를 건드렸다. 그 자리에서는 꾹 참았지만, 돌아서 친구에게 두서없는 푸념을 늘어놓았다. “엄마가 한 선택들이고, 젊을 때 더 열심히

살지 않았던 결과잖아. 왜 이제 와서 나에게 부담을 주는 거야?"라
며 속상해했다. 내 말을 들은 친구는 대뜸 이렇게 말했다.

> "엄마가 그런 뜻은 아니셨겠지. 너희 어머니도 나름 열
> 심히 살지 않으셨을까?"

나는 그 말을 끝까지 더 듣기도 전에 날이 선 목소리로 맞받아쳤
다. 당황한 친구도 괜한 설명을 덧붙였고, 몇 번의 어긋한 말들이
오가다, 결국 우리는 서로에게 사과를 해야 했다. 그때 친구가 마지
막으로 했던 이 말이 오래도록 남았다.

> "미안해, 내가 잘 모르면서 그런 말을 했어."

잘 모를 때는 말을 아껴야 한다. 침묵하면서 적절한 때를 기다리
거나, 상대를 위해 무엇인가를 하고 싶다면 조언보다 질문을 하는
편이 낫다. 사람은 힘든 문제에 맞닥뜨리면 터널 시야에 빠진다. 사
건의 부정적인 단면, 자기 입장, 파국적 결말만 보게 된다. 전체를
넓게 보기 힘들고, 가능성이나 유연한 사고, 장기적으로 유리한 판
단력을 갖추기 어렵다.

따라서 이럴 때는 옳은 말로 직언하기보다 스스로 인식하도록

도와야 한다. 자신이 좁은 시야에 갇혀 있다는 것, 고개를 조금만 돌리면 얼마든지 다른 풍경이 펼쳐질 수 있다는 것을 깨닫게 되면 비로소 생각의 전환이 일어난다. 이처럼 보지 못하고 있는 새로운 시각, 관점, 방향 열어주는 질문을 '높이 질문'이라 부른다.

높이 질문을 할 때는 지금의 상황과 다른 입장에 서보게 하는 것이 핵심이다. 이를 테면 불평 불만만 늘어놓는 사람에게는 가능성이나 기회에 관해 묻고, 남 탓을 하며 변명만 가득한 사람에게는 책임에 관해 생각하게 하는 질문을 던질 수 있다.

부정적 사고에 빠져있는 친구에게는 긍정의 경험을 떠올리게 하는 질문이 도움이 된다. 현재의 문제나 어려움, 장애물에만 집중하고 있는 사람에게 좋았던 순간이나 만족스러웠던 경험을 떠올리게 하는 것만으로도 시선이 달라질 수 있다. 엄마를 원망하다가도 "엄마와 사이가 좋을 때는 언제야?"라는 질문을 받으면 '그래, 우리 관계가 항상 문제였던 것은 아니었어'라고 떠올리며 생각의 흐름이 바뀔 수 있다. 이처럼 높이 질문은 시야를 이동시켜 감정의 명암을 바꾸는 힘을 발휘한다.

〔긍정 경험을 떠올리는 질문하기 (부정-긍정)〕
"엄마와 사이가 좋을 때는 어때?"

"사실 둘이 성격이 비슷해. 취향이나 여행 스타일도 같

아서 통하는 게 많긴 하지."

"아, 서로 닮은 점이 많구나."

내 입장만 고수하는 사람에게는 다른 사람의 입장에서 생각해보게 하는 질문이 효과적이다. 사람은 눈앞이 깜깜해지면 오로지 '나'밖에 보지 못한다. 자신이 가장 억울한 희생자라고 느껴지고, 모든 잘못은 타인에게 있는 듯 여겨진다. 그러나 관계는 일방적일 수 없다. 언제나 상대의 입장과 상호 작용이 존재한다. 따라서 "엄마는 어떤 생각일 것 같아?" 같은 질문을 통해 다른 관점에서 자신을 바라보는 기회를 얻게 되면, 조망수용 perspective-taking이 가능해진다. '나'만 고집하지 않고 '우리'의 자리에 서보면, 폭발적인 감정이 조금은 누그러지고 상황을 보다 객관적으로 바라볼 수 있다.

〔입장을 바꾸어보는 질문하기(나-상대)〕
"엄마는 어떻게 생각할 것 같아?"

"엄마 입장에서야 사랑이겠지. 나는 그 방식을 원하지

않는 거고."

"사랑인 줄은 알지만, 방식이 다른 거야. 그치?"

한계를 짓는 사람에게는 작은 가능성이나 소소한 변화에 관해 질문할 수 있다. 사람은 일이 원하는 대로 돌아가지 않으면 쉽게 흑백논리의 함정에 빠져버리기도 한다. '모 아니면 도' 식으로 생각하면서 지금까지의 노력이 아무 소용 없었다고 느낄 수도 있다. 그럴수록 속상함과 분노는 더 커진다. 하지만 모든 관계는 나빠졌다 좋아졌다를 반복한다. 계속 좋거나, 나쁜 관계는 없다. 따라서 "이전보다 나아진 점이 있다면 뭐야?"라는 질문을 받으면, 작지만 분명한 변화에 대해 다시 생각하게 된다. 사람은 그동안의 노력이 헛되지 않았음을 깨달을 때, 포기하지 않고 다시 새로운 기대를 품을 수 있다.

〔가능성과 변화 질문하기(한계-가능성)〕
"그래도 이전보다 좀 나아진 부분이 있다면 뭐야?"
"글쎄…… 엄마가 조심하는 건 보여. 덜 폭발하려고 나름 애를 쓰는 거지, 서로."
"그래. 서로 나름의 노력을 하고 있는 거야."

놓치고 있는 것, 빠뜨린 것, 간과한 것, 잊고 있던 것에 관한 질문도 유용하다. 당면한 문제에 매달리다 보면 정작 중요한 핵심을 놓칠 때가 있다. 다른 사람을 원망하느라 대화가 엉뚱한 방향으로 흐르거나, 사소한 문제에 매몰되어 본질을 잃어버리도 한다. 그럴 때 누군가에게 "지금 놓치고 있는 게 있다면 뭐라고 생각해?"라는 질문을 받으면 자신의 마음을 다시 들여다보게 된다. 불필요한 말을 멈추고 지금 나에게 진짜 필요한 것이 무엇인지 다시 점검할 기회를 얻는다.

〔놓치고 있는 것 질문하기(주변-핵심)〕
"둘 관계에서 미처 하지 못한 노력이 있다면 뭐라고 생각해?"
"음…… 대화인 것 같아. 이렇게 서로 말을 해야 하는데……."
"서로 대화가 필요한 거였네."

관계는 모빌처럼 연결되어 있다. 한 사람의 말과 행동은 곧 주변에 영향을 미친다. 현재의 나는 흔들리는 나 자신밖에 보지 못하지만, 지금의 사건이 주변 사람에게 어떤 영향력을 미치는지, 혹은 남은 우리의 시간과 삶에는 어떤 영향이 있을지에 대해 질문받으면 비로소 연결에 대해 생각해볼 수 있다. 아래의 사례처럼 "가족들에게는 어떤 영향이 있는 것 같아?"라는 질문을 받게 되면, 비로소 나뿐만이 아니라 너와 우리에게 미치는 파장까지 고려하게 된다.

〔**영향력 질문하기**(부분-전체)〕

"가족들은 어때? 어떤 영향이 있는 것 같아?"

"가족들이 엄마랑 나랑 또 부딪히지 않을까 눈치를 보지, 중간에서 동생이 고생을 좀 해."

"분위기가 달라지는구나. 너도 마음이 안 좋겠네."

높이가 달라지면 뷰가 바뀐다. 저층에서만 보이는 풍경이 있고, 고층에서만 보이는 관계가 있다. 높이 질문은 우리로 하여금 다양한 관점과 시각을 가질 수 있게 한다. 문제를 다각도에서 고려해보게 되고, 반복되는 생각의 습관에서 벗어나게 한다.

지난 주말, 가족들과 충북 제천에 있는 청풍호에 갔다. 케이블카를 타고 산 정상에 올라 아래를 내려다보는데, 그 아찔할 정도의 높이에 가슴이 트이면서 눈이 환해졌다. 끝없이 이어진 거대한 산맥들의 어울림과 산과 구름의 아름다운 협주, 다양한 색감의 초록들이 만들어내는 황홀하고 조화로운 풍경을 바라보니 평소와 다른 감정과 생각이 일어났다.

사소한 일에도 아등바등하던 어제의 나, 시시비비를 가리느라 에너지를 소진하던 좀 전까지의 내가 보였다. '앞으로도 종종 이렇게 더 높은 곳으로, 더 넓게 바라봐야지' 싶어졌다. 그렇게 마음의 위치가 바뀌자, 부둥켜안고 있던 고민들도 다르게 보였다.

물론 다른 마음의 풍경을 보고 싶을 때마다 매번 케이블카를 타야 하는 것은 아니다. 질문만으로도 우리는 마음의 위치를 바꿀 수 있다. 깊이 질문을 통해 더 깊은 마음의 지하로 내려가고, 높이 질문을 통해 마음의 고층으로 올라가볼 수도 있다. 그래서 우리 앞을 가로막은 문제를 전혀 다른 각도에서 다시 바라볼 수 있게 된다. 질문은 그것을 가능하게 한다.

"상황이 좋을 때는 어땠어?"(부정-긍정)

"가장 고마울 때는 언제야?"(부정-긍정)

"상대는 어떻게 생각할 것 같아?"(나-상대)

"만약 네가 그 사람이라면 무엇을 원할까?"(나-상대)

"그래도 이전보다 좀 나아진 것이 있다면 뭐야?"(한계-가능성)

"그중에서 가장 희망적인 것은 뭐라고 생각해?"(한계-가능성)

"놓치고 있는 게 있다면 무엇일까?"(주변-핵심)

"너를 제약하는 건 무엇일 것 같아?"(주변-핵심)

"주변 사람들은 어때? 어떤 영향이 있는 것 같아?"(부분-전체)

“그 일은 둘 관계에 어떤 영향을 미칠까?”(부분-전체)

| 깊이와 높이 질문하기 |

1. 밀도가 높은 대화란 따뜻하면서도 서로에게 도움이 되는, 재미와 의미를 모두 얻는 대화다.

2. 사건 이면에 있는 사람의 내면에 대한 질문을 받을 때, 공감과 위로를 경험한다.

3. 감정, 생각, 해석, 욕구, 가치를 묻는 '깊이 질문'으로 상대의 속마음을 다양한 층위에서 이해한다.

4. 변화가 필요한 사람에게 잘못부터 지적하기보다는 관점과 시야를 확장하는 질문을 먼저 한다.

5. 긍정 경험, 입장 바꾸기, 가능성, 놓치고 있는 것, 영향력을 묻는 '높이 질문'으로 상대가 다른 관점에서 현재 상황을 다시 바라보도록 돕는다.

결과를 만드는 법
G.R.O.W. 질문

모든 대화에는 목표가 있다. 공감과 위로, 친교를 위한 대화도 있고 혹은 성과에 집중해야 하는 대화도 있다. 대표적으로 비즈니스 현장에서 일어나는 회의나 면담이 이에 해당한다. 한정된 시간 안에, 일방적이지 않게 소통하면서도, 참석자들이 각기 원하는 것을 얻어야 하는 대화이기 때문에 부담이 크다. 그래서 그 어느 때보다 관계 대화 실력이 절실히 요구된다.

이때 필요한 말하기 실력은 크게 두 가지다. 하나는 핵심을 정리하고 원하는 것과 기대하는 바를 명료하게 제시하는 능력이고, 다른 하나는 목표 달성을 위한 질문을 하고 상대의 생각을 수렴하는 실력이다. 두 역량 모두 중요하지만, 여전히 많은 리더들은 '질문하기'를 어려워 한다. 마음이 급해지고, 스트레스를 받을수록 두서없이 말이 길어지기도 한다.

만약 당신이 1시간의 회의를 주관한다면 어떤 계획을 세우고 회의에 들어가야 할까? 실적 부진으로 힘들어하는 후배와 30분의 면담을 진행할 때는 어떤 질문이 서로에게 도움이 될까? 물론 실전 대화가 늘 예상대로 흘러가지는 않지만, 그럼에도 우리는 유명한 영화 속 대사처럼 '너는 다 계획이 있구나'의 태도를 갖춰야 한다. 'G.R.O.W. 질문'을 통해 그 방법을 알아보자.

⌣ 회의를 진행하는 세 가지 유형

강의를 준비하는 과정에서는 해당 기업이나 기관의 담당자와 여러 차례 소통이 오간다. 필요에 따라서는 고객사에서 사전 미팅을 요청하는 경우도 있다. 그럴 때 대체로 고객사가 회의를 주관하는데, 담당자마다 미팅을 진행하는 방식에는 확연한 차이가 있다. 그리고 협업의 대화를 이끌어가는 개인의 역량에 따라 결과 값 역시 달라진다.

대화의 방식은 크게 세 가지 유형으로 나뉜다. 첫 번째 유형은 '설명이 많은 담당자'다. 이들은 회의의 목적을 정보 공유에 둔다. 기업의 역사, 교육 대상자의 특징, 과정을 기획하게 된 배경에 관하여 상세하게 알려준다. 관련 경험이 많은 담당자는 자신의 의견이나 배경지식을 길게 덧붙이기도 한다. 그러느라 주어진 시간 동안 약 80% 이상의 말 점유율을 보인다.

"알고 계시면 도움이 될 것 같아서~"
"이번에 참석하는 교육생들은~"
"제가 알기에 최근의 리더십은~"

물론 이 과정에서 얻은 정보는 강의 준비에 큰 도움이 된다. 다만 아쉬운 점은 대화가 다소 일방적이라는 점이다. 기업과 대상자에 대한 이해는 깊어졌지만, 정작 고객사에서 내가 가진 콘텐츠를 충분히 이해했는지에 대해서는 염려가 된다. 또한 우리가 같은 목표와 기대를 공유하고 있는지, 파트너로서 얼마나 신뢰받고 있는지도 확신이 서지 않는 경우가 있다.

두 번째 유형은 '질문이 많은 담당자'이다. 교육 과정을 운영해본 경험이 많지 않아서 정보나 조언을 얻기 위해 질문을 자주 하는 경우다. 이런 상황에서는 전문가의 식견과 경험에 전적으로 의지하기 때문에, 내 쪽에서 말의 점유율의 대부분을 차지한다.

"다른 기업은 보통 어떤 강의를 하나요?"
"이럴 때는 어떻게 준비하면 좋을까요?"
"만약~ 할 때면 어떻게 되나요?"

고객사의 질문에 열심히 답하다 보면 문득 회의의 목적에 대해 다시 생각해보게 된다. 회의는 목표의 공유에서 출발해야 한다. 이 시간을 통해 얻고자 하는 결과 값이 명확히 공유되어야 한다는 뜻이다. 그 다음에는 계획에 따라 목표 달성을 위한 질문과 경청, 피드백이 오가고, 최종적으로 구체적인 액션 플랜이 정리되어야 한다. 그렇지 않으면 지엽적인 것에 머물거나, 산발적인 주제를 다루다가 정작 중요한 것을 충분히 논의하지 못하게 된다.

설명이 너무 많거나, 질문이 대부분인 회의를 마치고 나면 오히려 걱정이 늘 때가 있다. '그래서 뭘 해야 하지?', '준비하고 있는 방향이 맞는 건가?' 하는 불안이 밀려온다. 그래서 대화 중에는 정신을 바짝 차리고 빠진 내용들을 채워 넣어야 한다. 아래의 질문들은 과정의 목표부터 다시 잡거나, 고객사가 가진 기대와 우려를 재확인하고자 할 때 자주 활용하는 질문들이다.

“과정이 끝나고, 교육생들이 딱 한 가지 변했으면 하는
행동이 있다면 무엇일까요?”

“지금 말씀하신 것 중에서, 가장 우선적인 목표가 있다
면 무엇인가요?”

“제가 어떤 부분을 해결해드리면 이번 강의가 효과 있
었다고 느껴질까요?”

“소통이라는 키워드 중에서도 현재 우리 기업에서 가장
중요한 키워드는 무엇인가요?”

“이전에 진행했던 과정에서 아쉬우셨던 점이 있다면 무
엇이었을까요?”

“제게 어떤 부분을 기대하고 있으실까요?”

“제가 설명드린 콘텐츠 중에서 가장 공감된 부분이 있
다면 무엇인가요?”

“혹시 염려되는 부분이 있다면 무엇일까요?”

마지막으로 세 번째 유형은 '설명과 질문의 비율이 균형 잡힌 담
당자'이다. 회의를 성공적으로 이끄는 담당자들은 설명할 때와 질
문할 때를 구분한다. 예를 들어 시간을 효율적으로 사용하기 위해,
미팅 전에 강사에게 충분한 자료를 보내주기도 한다. 기업 안내서

나 과정 기획안과 같은 자료를 미리 읽게 한 후에, 회의에서는 포인트만 강조하거나 질문을 던져서 이해도를 확인하는 식이다. 또 과정에 대한 기대와 요청 사항을 모호하지 않게, 구체적으로 알려준다. 동시에 그것을 어떻게 강의 콘텐츠로 해결할 수 있는지 질문하며 차이를 좁혀나간다.

"보내드린 소개 자료는 읽어보셨을까요? 특히 ~ 부분은 꼭 알아주셨으면 합니다."
"과정 기획안에 대한 강사님 의견은 어떠신가요?"
"요청드린 주제에 대해 구체적으로 어떻게 풀어가시는지 설명을 듣고 싶습니다."
"강사님의 경험으로 봤을 때, 가장 효과적인 방식은 뭐라고 생각하세요?"
"저희는 과정 내에서 학습자들이 상호 작용할 수 있었으면 합니다. 예를 들자면~"
"저희 기업에 더 맞춤화할 수 있는 방법은 무엇이 있을까요?"

이들은 회의를 할 때 전체 그림을 그리며 대화한다. 대화의 주도권을 쥐고 목표부터 실행 계획까지 단계별로 정리해나간다. 그러면서도 질문을 통해 상대를 회의에 적극적으로 참여시키고, 긍정적인 긴장감을 일으킨다. 이렇게 잘 꾸려진 회의를 마치고 나면 자연스레 책임감과 연대감이 높아진다.

자, 그럼 최근에 참석했던 회의 장면을 떠올려보자. 앞서 설명한 세 가지 유형 중 나는 어느 쪽에 가까웠을까? 무엇을 설명했고, 또 어떤 질문을 했을까? 그 말하기 방식은 함께한 사람들의 참여와 관심을 높이는 데 효과적인 방법이었을까?

회의를 전략적으로 이끌고 싶다면 먼저 질문의 비중에 대해 고민해보자. 대화의 주도권을 잃지 않으면서도 사람들을 참여시키는 나만의 대화의 황금률을 찾아야 한다. 질문은 즉흥적으로 하는 게 아니라, 계획에 따라 의도를 가지고 하는 것이 중요하다. 그러나 코칭을 하면서 수많은 회의 장면을 모니터링해왔지만, 사전에 회의를 설계하는 리더는 생각보다 많지 않다.

1:1 면담

회의뿐 아니라 1:1 면담에서도 질문과 설명의 균형적 배합은 매우 중요하다. 최근 기업에서는 '1on1(원온원)'이라 불리는 수시 면담

제도를 적극 장려하고 있다. 과거에는 1년에 한두 번, 연말 고과평가 시즌이나 반기, 분기별로 면담이 이루어지는 경우가 많았다. 그것도 대개는 권고 사항에 그치거나 상당히 의례적인 형태로 운영되었다.

하지만 지금은 상황이 많이 달라졌다. 워낙 빠르게 시장 환경이 달라지고 있고, 구성원의 갈등 패턴도 다양하고 즉각적이다. 게다가 젊은 세대들의 성장과 인정 욕구가 강하게 수면 위로 드러나면서 리더가 지속적으로 구성원에게 관심을 가지고 코칭이나 멘토링 대화를 해야 할 필요성도 높아졌다.

이제 소위 '면담의 기술', '코칭 대화'라고 불리는 능력이 리더의 선택이 아니라 필수 역량이 되었다. 그러나 이러한 요구에도 불구하고 여전히 실제 직장 내 선후배 사이에서 일어나는 면담은 주먹구구식이 많다. 면담에 대한 이렇다 할 가이드라인도 없이 막연하게 '알아서 잘하자'는 식으로 진행되는 경우도 적지 않다.

상황이 이렇다 보니, 어렵게 시간을 내어 만나도 어떤 말부터 어떻게 해야 할지 모르겠다는 하소연이 쏟아지는 것도 무리가 아니다. 최근 근황이나 날씨, 취미, 운동 이야기로 스몰토크를 하고 나면 다음으로 어떤 말을 꺼내야 할지 막막해진다. 그도 그럴 것이 이런 수시 면담은 기존의 지시나 보고와 같은 짧고 일방적인 대화가 아니라, 관계 대화다. 대화의 흐름에 따라 질문과 설명, 경청과 격려, 피드백이 조화롭게 오가야 하는 종합 예술이다.

이런 대화를 이끌어가는 능력은 타고나는 재능이 아니라 새로 익혀야 하는 언어의 영역이다. 연차가 쌓여도, 경험이 많아도, 훈련되지 않은 대화는 여전히 서툴다. 따로 시간을 내어 학습하지 않으면 같은 자리를 맴돌 수밖에 없다.

"잘하고 있지?"

"뭐 힘든 거 없어?"

"나한테 물어볼 거 있어?"

"내가 도와줄 일이 있나?"

특히 이렇게 준비되지 않은 뜬금없는 질문에는 직원들이 마음을 털어놓지 않는다. "네, 없습니다", "괜찮습니다", "생기면 말씀드릴게요"라며 적당히 얼버무리기 마련이다. 그들도 면담의 분위기와 리더의 실력을 간파하여 그 수준에 따라 말을 할지 안 할지를 결정하기 때문이다. 그러다 나중에야 선배들이 뒤통수를 맞은 것처럼 당혹스러워하는 상황이 생기기도 한다. "면담 때는 물어봐도 아무말 안 하더니, 인사팀에 바로 컴플레인하더라", 혹은 "갑자기 그만둔다고 하더라"는 말이 나오는 이유가 바로 여기에 있다.

현대의 리더는 피플 매니저로서의 역할뿐만 아니라 현장 감각을 놓치지 않는 전문가로의 역할을 동시에 수행해야 하는 부담을 안고 있다. 위에서 직접적으로 떨어지는 일을 챙기면서 개인의 지속적 생존을 대비하기도 바쁜데, 한 명의 리더가 책임져야 하는 구성원의 수도 점점 늘어난다. 그러니 1:1 면담을 위한 시간을 내는 것 자체가 버거워진다.

그래서 요즘은 '틈새 코칭', '커피 코칭', '산책 코칭'처럼 자투리 시간을 활용한 면담이 활발히 이루어지기도 한다. 함께 점심 식사 후에 산책을 하거나, 잠시 차 한잔을 하면서 구성원과 대화를 나누는 방식이다. 짧지만 반복적인 만남을 통해 신뢰 관계를 다지고, 구성원을 이해하며, 성장을 위한 피드백을 주고 받는 시간으로 활용하는 것이다.

그렇기에 선배는 항시 면담을 위한 채비가 되어 있어야 한다. 담당자의 업무 진행 상황이나, 칭찬과 개선 포인트, 그간 관찰했던 데이터들을 살펴야 하는 것은 물론이고, 머릿속에 30분 혹은 1시간의 시간을 어떻게 운영할지에 대한 계획과 시나리오가 세팅되어야 한다. 그래야 어렵게 낸 시간을 어영부영 허투루 쓰지 않을 수 있다.

특히 짧은 시간에 효과적이고 효율적으로 대화를 이끌어가기 위해서는 질문의 프로세스를 익혀둬야 한다. 모든 비즈니스 대화를 잘 짜여진 프레임대로 해야 하는 것은 아니지만, 구조화된 질문의 기술을 알고 있으면 대화 중에 멀리 헤매지 않을 수 있다.

성과를 높이는 질문 프로세스

이미 많은 전문가가 1:1 면담 등에서 활용할 수 있는 대화 프로세스 모델을 제시해왔다. 이번 장에서는 그 중에서 가장 잘 알려진 질문 프로세스인 모델에 대해 알아보려 한다. G.R.O.W. 프로세스는 비즈니스코치 존 휘트모어John Whitmore가 리더들이 구성원과의 코칭 대화를 효과적으로 운영할 수 있도록 제시한 방법론이다.

성장을 뜻하는 G.R.O.W. 모델은 목표 설정부터 실행 계획까지, 성과를 만들고 구성원의 성장을 지원하기 위한 네 단계의 질문 흐름으로 구성되어 있다. 리더들은 이 프로세스를 기반으로, 각자의 상황에 맞게 조금씩 질문을 변형해서 사용할 수 있다.

Goal(목표 설정)

G.R.O.W.의 첫 번째 단계인 G는 GOAL, 목표 설정을 의미한다. 목표 설정 단계는 회의나 면담을 통해서 무엇을 얻고자 하는지 그 결과 값을 명확히 하는 단계이다. 사람들은 저마다 다른 기대를 가지고 미팅에 참여한다. 따라서 대화의 시작은 서로 가진 목표를 확

인하는 과정부터 이루어져야 한다. 물론 리더가 원하는 목표를 제시할 수도 있지만, 질문을 통해 상대가 기대하거나 이해하고 있는 목표를 묻고 확인하면 대화의 방향성이 더욱 뚜렷해진다.

이때 목표는 한 문장으로 명료하게 정리될수록 좋다. 예를 들어 "더 도전적인 태도로 일하자"라는 건 구체적인 목표가 아니다. 대상, 기한, 범위가 명시되지 않았고, 목표 달성 여부를 확인하기 어렵다. 따라서 "3개월 내, 신규 프로젝트 한 개를 맡아서 연말까지 A 수준으로 완료한다"라는 디테일이 추가되어야 명시적이고 측정 가능한 목표라고 할 수 있다.

또한 목표 설정 단계에서는 과제가 해결되었을 때 기대되는 이득이나 가치에 대한 질의 응답이 필요하다. 예를 들어 "그것을 달성한다면 어떤 변화가 기대되나요?"라고 묻는 것이다. 목표를 이룬 후에 얻게 될 긍정적이고 실질적인 변화를 스스로 그려보면 사람의 내적 동기가 그만큼 강해진다.

무엇보다 G.R.O.W. 모델 전체의 관점에서 봤을 때도 목표 설정 단계에서 목표를 분명히 세우고 개인의 에너지가 차오르도록 하는 질문과 경청, 격려의 과정은 매우 중요하다. 이때 동기와 확신이 생겨야 실행 단계까지 자연스럽게 연결해갈 수 있기 때문이다. 따라서 쫓기듯 서두르기보다는 목표와 의미를 충분히 탐색하며 대화하는 마음의 여유가 필요하다.

〔대화 목표 세우기〕 회의, 면담 등 만남의 목표를 구체화하기

"우리가 이번 회의에서 얻고자 하는 결과는 무엇인가요?"

"오늘 면담에서 어떤 이야기를 나누면 도움이 될까요?"

"지금 가장 시급한 과제는 무엇이라고 생각하나요?"

"딱 한 가지 해결되었으면 하는 고민이 있다면 무엇인가요?"

"여러 가지 중에 가장 중요한 우선순위는 무엇인가요?"

"구체적으로 어떤 행동의 변화가 있기를 기대하세요?"

"어느 정도면 만족스럽게 달성되었다고 볼 수 있을까요?"

"무엇을 기준으로 하면 목표가 달성되었다는 것을 알 수 있을까요?"

"목표를 구체적인 수치로 표현해본다면 어떻게 되나요?"

"언제까지 그 목표를 이루고 싶은가요?"

〔변화 동기 높이기〕 목표를 이루었을 때 기대되는 이득과 가치 확인하기

"목표가 이루어지면 어떤 구체적인 변화가 기대되나요?"

"그 목표를 이루면 무엇을 얻게 될까요?"

"이번 목표는 어떤 의미에서 중요한가요?"

"목표를 달성하는 과정에서 무엇을 배우고 싶은가요?"

"목표를 달성하고 나면, 당신에게 어떤 도움이 될까요?"

Reality (현실 탐색)

G.R.O.W.에서 두 번째 단계인 R은 Reality, 현실 탐색이다. 현실 탐색은 구체적인 목표를 합의한 후에 현재 상황을 점검함으로써 목표와 현실 사이의 간극^{gap}를 확인하는 단계이다. 현재 무엇이 문제이고 그것이 어떤 상태인지를 정확히 파악해야 그에 맞는 최적의 안을 도출할 수 있다.

이 과정에서 중요한 점은 문제를 드러내는 것에만 열중해서는 안 된다는 사실이다. 지금까지 상대가 어떤 시도를 어떻게 해왔는지, 그 노력이 개인 혹은 조직에서 무슨 의미를 지니는지를 확인하고 진심으로 격려해야 한다. 그렇지 않으면 현실 탐색이 잘못을 추궁하는 자리로 바뀌어버리고, 상대의 방어와 변명만을 불러일으킬 수 있다. 문제점을 파악하는 데만 몰두하느라 수고와 노력을 인정받고 싶은 담당자의 마음을 놓치게 되면, 질문 프로세스는 더 이상 정상적으로 작동하지 않는다.

또한 문제를 확인하는 단계에서 나아가 변화하지 않으면 겪게 될 어려움이나 놓칠 수 있는 기회에 대해 질문하는 것도 효과적이다. 누구나 현재보다 더 나은 상태를 원하지만 변화를 위한 불편함은 피하고 싶어 한다. 지금의 일로도 벅차고, 이미 이전의 시도로 많이 지쳐 있기 때문이다. 따라서 리더는 그 마음에 공감하면서도 안전지대로부터 벗어나도록 자극하는 질문을 멈추지 말아야 한다.

이 단계에서는 구성원의 사기가 다소 떨어질 수 있다. 그렇기 때문에 가능한 중립적인 질문과 따뜻한 태도로 자신의 노력과 결과를 객관적으로 바라보게 해야 한다. 그래야 구성원이 심리적으로 안전한 상태에서 현실을 직면할 수 있고, 이후 단계로 나아갈 준비를 하게 된다.

〔차이를 확인하기〕 목표와 현실과의 차이를 파악하기
"현재 상황은 어떠한가요?"
"이러한 상황은 얼마나 자주 발생하고 있나요?"
"그 문제가 반복되는 결정적 이유는 뭐라고 생각합니까?"
"목표 달성을 가로막는 가장 큰 요인은 무엇이라 생각하나요?"
"그렇게 판단하는 근거나 이유는 무엇인가요?"

"현재의 데이터는 지금의 상황을 어떻게 설명하고 있나
요?"

"목표를 기준으로 할 때, 우리에게 빠져있거나 부족한
것은 무엇이지요?"

〔시도를 인정하기〕 지금까지의 노력과 수고를 알아보기

"지금까지 어떤 시도를 해보았나요?"

"스스로 그것을 평가해본다면 어떤가요?"

"그 행동은 어떤 효과가 있었나요?"

"그 시도 중에 가장 도움이 되었던 방법은 무엇이었나
요?"

"다양한 시도와 대안을 통해 얻은 것은 무엇인가요?"

〔안전지대 벗어나기〕 안전지대에서 나아가도록 자극하기

"지금 상태가 계속되면 어떤 결과가 예상되나요?"

"우리가 벗어나야 할 안전지대가 무엇이라고 생각하나
요?"

"새로운 시도를 가로막고 있는 요인은 무엇인가요?"

"이 상황에 대해 다른 사람들은 어떻게 느낄 것 같나
요?"

"만약 방법을 찾게 되면, 구체적으로 무엇이 달라질까
요?"

Option (대안 발견)

G.R.O.W.에서 세 번째 단계인 O은 Option, 대안 발견 단계다.
여기서는 목표와 현실의 차이를 좁히기 위한 다양한 아이디어를
수집하여 대안들의 효과성을 논의한다. 핵심은 브레인스토밍brain
storming을 하는 과정에서 눈치 보지 않고 자유롭게 아이디어를 제시
할 수 있는 분위기를 조성하는 것이다.

힘의 불균형적인 관계에서는 어쩔 수 없이 상대의 의중을 살필
수밖에 없다. 특히 상대가 평가권을 가지고 있거나, 이미 정해진 의
도를 담은 질문을 받는 경우는 더욱 그러하다. 이런 상황에서 구성
원은 자신이 알고 있는 것도 모르는 척, 해본 것도 안 해본 척하게
된다. 그들의 진짜 생각이나 의견은 들을 수 없다고 봐야 한다.

따라서 대안 발견의 단계에서는 경청과 수용의 자세가 필요하
다. 상대의 의견에 동의하지 않거나 허술하고 비현실적인 아이디
어라고 여겨지더라도 즉각적인 평가 반응을 보이지 않는 것이 좋
다. "그런 방법도 가능하군", "생각해보지 못한 부분이네"처럼 상

대가 마음의 문을 닫지 않도록 하는 반응의 기술이 필요하다.

물론 후배의 부족한 대안을 듣다 보면 선배의 노하우를 전수해 주고 싶은 유혹이 커질 수 있다. 그러나 너무 빨리 개입해서는 안 된다는 점에 유의하자. 리더의 패를 너무 일찍 보여주면, 후배들은 계속 선배의 답을 기다리게 된다. 또한 '답정너(답은 정해져 있고 넌 대답만 해)'가 되지 않도록 주의할 필요도 있다. 정답이 아닌 하나의 가능성을 제시하면서, 선배의 경험을 자신만의 방식으로 적용하도록 질문을 이어나가는 것이 바람직하다.

이 단계의 목적은 '답을 알려주는 것'이 아니라, 상대의 생각 근육을 키우며 상호 협력을 경험하는 데 있다. 따라서 상대의 역량이나 태도, 경험 수준에 따라 질문과 개입의 비중을 달리하는 것이 좋다. G.R.O.W. 질문 프로세스는 절대적인 규칙이 아니다. 단계별 목표를 이해하고, 상황과 사람에 맞게 유연하게 조정하여 사용하면 된다.

〔브레인 스토밍하기〕 목표와 현실 사이의 차이를 좁히기 위한 대안 찾기

"이 차이를 극복하기 위한 구체적인 해결 방법은 무엇이 있을까요?"

"다른 방법은 무엇이 있을까요? 또 다른 것은요?"

"만약 제약이 없다면, 무엇을 해보고 싶은가요?"

"다른 관점에서 본다면 어떤 해결책이 있을까요?"

"그럼에도 불구하고 가능성을 키워본다면 어떤 대안이 더 있을까요?"

"전혀 시도해보지 않았던 아이디어가 있다면 무엇이 있을까요?"

"그때는 할 수 없었지만 지금은 시도해볼 만한 실행안이 있다면 무엇일까요?"

"가장 매력적(효과적)인 대안은 무엇이라고 생각해요?"

"이 대안들의 장단점은 무엇인가요?"

"어떤 대안이 가장 최상의 결과를 가져올 수 있을까요?"

〔경험 나누기〕 리더의 경험과 의견을 가능성으로 제시하기

"제가 한 가지 아이디어를 보태도 될까요?"

"제 경험이 도움이 될지 들어봐주시겠어요?"

"제 경험을 어떻게 당신의 방식대로 적용해볼 수 있을까요?"

Will (의지 확인)

G.R.O.W. 네 번째 단계인 W은 Will, 의지 확인의 단계다. 의지 확인은 대안 발견 단계에서 정리된 것들을 구체적인 실행 계획으로 발전시키고, 수행을 지속하기 위한 의지와 책임감을 다지는 단계이다. GROW 질문 프로세스가 생산적인 이유는 결국 액션 플랜이 도출되고 실행으로 연결되기 때문이다. 비즈니스 대화는 그저 좋은 게 좋은 거라는 식의 대화, 기분 좋고 화기애애하기만 한 대화로 끝나서는 안 된다. 누가, 무엇을, 언제, 어떻게 할 것인가에 관한 실제적인 실행 항목이 정리되어야 한다.

지지적 분위기 속에서 계획을 수립하다 보면 후배의 눈빛이 반짝이며 문제 해결의 자신감을 보이는 모습을 마주하게 된다. 그러나 함께 계획했던 것과 달리 막상 현업으로 돌아가면 쌓인 업무와 시간 부족으로 차일피일 일을 미루게 될 수도 있다. 따라서 실행을 방해하는 장애 요인을 미리 점검하고 그 대안까지 함께 마련해두는 과정이 필요하다.

더불어 선배가 무엇을 지원하면 좋을지 확인하는 질문을 던져서 '나 홀로 짐을 지는 것 같다', 혹은 '일만 더 늘어났다'는 느낌이 들지 않도록 해야 한다. 무엇보다 선배와 후배, 무엇보다 선배와 후배가 서로를 믿을 만한 파트너로 느끼는 것이 중요하다.

마지막으로, 성과를 위한 대화는 단 한 번으로 끝나지 않는다. 성과는 지속적인 피드백과 점검을 통해 만들어진다. 따라서 대화를 종결하기 전에 '다음에 언제 다시 만나면 좋을지', '그때는 무엇을 서로 확인해야 하는지', 다음 만남의 목표와 방법을 미리 확인해야 한다. 그래야 단발적인 이벤트가 아니라 지속적인 성장과 성과로 연결되는 코칭 대화가 이루어진다.

〔실행 계획 수립하기〕 최적 안을 선택하고 실행 계획을 구체화하기

"이 중에 어떤 방법을 선택하고 싶은가요?"

"가장 적합하다고 생각되는 대안은 무엇인가요?"

"이 대안은 목표에 어떤 도움이 된다고 생각합니까?"

"지금까지 나온 아이디어 중에서 무엇부터 시작해볼까요?"

"그 대안을 실행하기 위해 구체적으로 무엇을 해야 할까요?"

"그 중에서 가장 먼저 해야 할 일은 무엇인가요?"

"언제부터 시작할 수 있을까요?"

〔장애 요인 대비하기〕 실행을 방해하는 장애 요인을 확인하고 대안 마련하기

"예상되는 장애물이 있다면 무엇인가요?"

"그것에 어떻게 대처하면 좋을까요?"

"현재, 어느 정도의 자신감이 있나요?"

"어려움을 극복하기 위해 어떤 준비가 필요할까요?"

"그것을 해결하기 위해 누구의, 어떤 도움이 필요한가요?"

〔지속적인 만남 계획하기〕 다음 미팅 일정과 지원 방식 확인하기

"잘 진행되고 있다는 것을 어떻게 확인할 수 있을까요?"

"앞으로 어떻게 중간 피드백을 나누는 것이 좋을까요?"

"언제 다시 만나서 이야기해볼까요?"

"다음에 만났을 때 우리가 무엇을 확인하면 좋을까요?"

"그 사이에 내가 어떻게 지원해주길 원하나요?"

G.R.O.W. 질문 프로세스의 장점은 일방적으로 정답을 제시하는 게 아니라, 상대의 생각을 묻고 존중하는 과정에서 자율성과 유

능성을 높인다는 점이다. 또한 상대의 능력과 의도를 믿고 지지를 표현함으로써 신뢰 관계의 온도를 높여주는 대화이기도 하다.

후배나 구성원과 대화하고 돌아섰을 때의 리더는 그 어느 때보다 외롭다. '내가 잘한 건가?', '어떻게 다르게 해야 하지?'라는 의심과 불안이 차오른다. 그럼에도 나이가 들수록 자신의 취약점을 드러내기도, 누구에게 조언을 구하기도 어려워진다. 결국 무엇을 잘못했는지 깨닫지 못한 채 비슷한 방식의 대화를 반복하게 된다.

그럴 때 G.R.O.W. 질문 대화 매뉴얼에 의지해보자. 나만의 질문 프로세스 세트를 만들어 두고, 대화 전before－후after를 비교하며 질문 실력을 향상시킬 수 있다. 우선 회의나 미팅을 하기 전에 각 단계별 질문을 설계해보자. 그리고 대화를 마치고 자리로 다시 돌아와, '실제로 어떤 질문을 했는지, 혹은 하지 못했는지, 다음에는 어떤 질문을 시도해보고 싶은지'를 정리해보면 된다.

'오늘은 어떤 질문을 해볼까?'

'아까 어떤 질문을 했었지? 그럴 때 반응이(결과가) 어땠나?'

'다음에는 어느 질문을 해보면 좋을까?'

말해주기가 익숙한 사람이 질문하기를 선택할 때는 상당한 용기가 필요하다. 상대에게 발언권을 넘겨야 하는 모험을 감행해야 하고, 답을 기다리는 지루함과 초조함, 또 대화의 결론이 어떻게 정리될지 모른다는 불안함과 답답함을 견뎌야 하기 때문이다.

처음에는 '대화에서 질문 한 개씩 더 시도하기' 정도의 작은 목표로 시작해보자. 질문은 누가 뭐래도 스스로 그 효과를 체감해야 지속할 수 있다. 질문을 통해 사람들이 더 강해지고, 지혜로워지며, 주도적으로 변화하는 과정을 직접 목격해야 더 잘하고 싶어진다.

단언컨대 그렇게 쌓인 질문의 경험은 결국 리더 자신에게로 돌아온다. 좋은 질문을 찾기 위해 학습하고 성찰하는 과정에서, 사람의 마음을 이해하고 상황에 가장 적합한 문장을 선택하려는 모든 노력의 시간에서 배우고 느낀 것들이 리더에게 진한 양분이 된다. 단순히 말 잘하는 리더가 아닌, 실제적인 힘을 발휘하는 영향력 있는 리더로 성장할 수 있다.

| G.R.O.W. 질문의 기술 |

1. **목표 지향적인 대화에서는 G.R.O.W. 질문 프로세스에 따라 질문과 경청, 인정과 피드백을 주고받음으로써 일의 효율과 효과를 높이고 상대의 성장을 지원할 수 있다.**

2. 'Goal, 목표 설정 단계'에서는 달성하고자 하는 목표를 구체적으로 설정하고, 변화를 통한 이득을 확인하며 내적 동기를 높이는 질문을 한다.

3. 'Reality, 현실 탐색 단계'에서는 목표와 현실과의 차이를 파악하고, 현실적인 제약에도 불구하고 안전지대에서 나아가도록 자극하는 질문을 한다.

4. 'Option, 대안 발견 단계'에서는 목표와 현실 사이의 차이를 좁히기 위한 다양한 가능성과 대안을 발견하고, 그것의 효과성과 타당성을 검토하는 질문을 한다.

5. 'Will, 의지 확인 단계'에서는 대안 탐색에서 발견한 실행 계획을 구체화하고 장애 요인에 미리 대비함으로써 당장 실행에 옮길 수 있도록 꼼꼼하게 점검하는 질문을 한다.

오해를 줄이는 법
진짜 질문

대화의 본질은 질문에 있다. 자기 대화는 스스로 질문을 품는 것에서 시작되고, 관계는 상대에게 질문을 건넴으로써 연결된다. 그러므로 질문이 사라진 사이는 연결이 끊어진 것과 다름 없다. 그럼에도 불구하고 어떤 사람들은 간혹 질문에 대한 불편감을 드러내는 경우가 있다. 이들은 "질문받는 게 더 기분 나빠요", "질문하지 말고, 그냥 하고 싶은 말을 했으면 좋겠어요"라고 토로하기도 한다.

이는 질문이 본래 의미와는 다르게, 잘못 적용되고 있기 때문이다. 물어봐놓고 답은 듣지 않는 질문, 듣고 싶은 말이 정해진 질문, 상대를 평가하고자 던진 질문, 공격할 의도를 가지고 시작된 질문은 '진짜 질문Real Question'이 아니다.

반복적으로 질문을 잘못 사용하면 대화가 멈추게 된다. 질문으로 대화를 시작하고 싶다면 가짜 질문부터 걸러내야 한다. 질문을 던졌는데 상대의 반응이 달갑지 않다면 진짜의 조건을 갖춘 질문이었는지부터 점검해보자.

물음표로 위장한 가짜 질문

적응의 문제로 찾아온 30대 여성 A가 있다. 그녀는 최근에 어렵게 회사를 옮겼는데, 이전과 달라진 업무와 팀 분위기에 적응하느라 어려움을 겪고 있었다. 그중에서도 유독 선배 B와의 대화를 힘들어했다. 그는 대놓고 A를 공격하거나 텃세를 부리는 유형의 사람은 아니었다. 오히려 B는 저의를 숨긴 모호한 말로 사람들을 불편하게 만들었다. 예를 들면 이런 식이다. 점심 시간에 팀 동료들과 같이 밥을 먹고 있을 때였다. 그때 갑자기 선배 B가 A에게 물었다.

"그 좋은 회사에서 여기는 왜 왔어요?"

"……."('무슨 뜻이지? 이렇게 공개적인 자리에서?')

답을 주저하는 사이, 선배는 화제를 바꾸었다. 최근에 변경된 회사의 성과 시스템에 대한 문제점을 비판하고 나섰다. 주변에서도 한두 사람이 말을 거들며 대화가 이어졌다. 잠시나마 질문의 의도를 파악하려 고민했던 A는 혼자 민망함을 느꼈다.

한번은 이런 대화도 있었다. A가 급한 보고서 초안을 작성하던 중이었다. 아무래도 중간 피드백을 받는 것이 좋을 것 같아 선배에게 검토를 요청했다. 자료 몇 장을 넘겨보던 B는 A에게 물었다.

"지난번 회사에서 비슷한 프로젝트 하지 않았나요?"
"네, 했습니다."
"음…… 제가 수정할게요. 자료 넘겨주세요."

A는 얼굴이 화끈거렸다. 물음표 뒤에 숨어 있는 말들이 무시와 비난으로 받아들여졌다. A는 속으로 '하고 싶은 말이 뭐야? 뭐가 문제인지를 말해줘야 알 것 아니야!'라고 격분했다. 하지만 더 묻지 않고 자리로 돌아왔다. 반복되는 B의 질문 방식이 무척 불편했다.

B의 질문이 불쾌했던 이유는 무엇일까? "그 좋은 회사에서 여기는 왜 왔어요?"는 A의 사정이 정말 궁금해서 물은 질문이 아니다. 이 회사의 성과 시스템에 문제가 많다는 말을 하기 위해 시작된 화두일 뿐이다. "비슷한 프로젝트 하지 않았나요?" 역시 A의 커리어

에 대해 더 알고 싶다는 뜻이 아니라, '이 정도의 업무는 잘해줬으면 하는데 그렇지 못해 아쉽다'의 다른 표현이다.

이처럼 실제로 전하고 싶은 메시지를 숨긴 채 질문의 형태만 차용하는 행위는 정서적 불편감을 촉발시킨다. 직접적인 피드백이나 조언을 듣는 것보다 더 기분이 나쁘다. 답변하기에 앞서 상대의 의중을 알아차리는 데 먼저 기운을 빼야 하기 때문이다. 질문이 아니라, 질문자를 살펴야 하는 상황이다.

나는 질문 자체만으로 불쾌감을 유발시키는 질문을 가짜 질문[fake question]이라 부른다. 가짜 질문은 질문 형태를 갖추고 있으나, 실상은 자신의 뜻대로 상대를 유도하려는 의도가 다분하다. 특히 선후배 사이나 부모와 자녀 사이처럼 힘의 불균형 상태에 놓인 관계일 때 가짜 질문이 자주 등장한다.

권력이나 경험 등에서 우위를 가진 사람들은 상대를 평가하는 질문이나 상대를 조종하기 위한 질문을 무심코 던지는 경우가 많다. 자신이 원하는 것을 명확하게 드러내지 않으면서도 상대가 자신의 의도를 눈치껏 알아차리기를 기대한다. 얼핏 보면 선택권을 넘기는 것 같지만 이미 답은 정해져 있기에 오히려 심리적 박탈감을 유발한다.

"그러지 말고 직접 가보지 그래?"

"김 과장, 지금 몇 년 차지?"

"A가 낫겠지, 안 그래?"

"~는 알고 있나?"

"도대체 이건 왜 확인이 안 되었지?"

"이건 아니지 않아?"

직접 가보라는 말 대신 "그러지 말고 직접 가보지 그래?"라고 말하는 사수, "김 과장, 지금 몇 년 차지?"라고 말하며 무능력을 꾸짖는 팀장, "A가 낫겠지, 안 그래?" 하면서 답을 정해주는 옆 팀 선배, "도대체 이건 왜 확인이 안 되었지?" 하면서 책임을 탓하는 선배의 질문은 불편할 수밖에 없다.

이렇게 애꿎은 질문은 원하는 것을 간결하게 요청하는 능력이 부족할 때 일어난다. 생각이나 의견을 직접적으로 표현하는 힘이 부족하면 괜한 질문을 통해 상대에게 풀이를 넘겨버리려 하게 된다. 그러나 이런 가짜 질문으로는 관심과 협력을 끌어낼 수가 없다.

"메일에 회신이 없으면, 직접 가서 확인해보았으면 좋겠어."

“다른 대안을 찾아주기를 바라.”

“나는 A가 더 낫다고 생각해.”

“이 정보는 반드시 알고 있어야 해.”

”다음에는 시작 전에 먼저 확인해서 알려줘.“

”나는 이것 말고, 다른 것을 원해.“

얼마 전 친정엄마와 있던 일이다. 엄마는 오랜만에 딸의 집에 오셔서 밑반찬도 만들고, 아이들과 살가운 시간을 보냈다. 그러다 가족들이 다 모여서 저녁 식사를 하던 중에 갑자기 내게 물었다.

“너는 네가 나한테 잘한다고 생각하지?”

컥. 엄마가 차려준 음식을 맛있게 먹던 나는 사레들릴 뻔했다. 서운한 게 있다는 것을 짐작하면서도 묘한 죄책감이 자극되어 기분이 상했다. 그러나 오랜만에 만난 엄마의 얼굴을 더 바라보고 싶었다. 너스레를 떨며 말했다.

“엄마, 퀴즈를 내지 말고, 서운한 것을 말씀하세요.”

엄마는 평소에 딸이 전화를 자주 하지 않는 것이 서운한 모양이었다. 친구 할머니들 사이에서 혼자 연락이 뜸한 전화기를 붙잡고 있으면 딸에게 괘씸한 마음이 드는 것이다. 딸이 먼저 알아주길 바라는 마음이지만, 연락 좀 자주 하라는 말을 대놓고 하기는 싫었던 것 같다.

그러나 이럴 때는 질문이 아니라, 그냥 하고 싶은 말을 해야 한다. ‘내 마음을 맞혀봐’ 게임을 시작하지 말고, 하고 싶은 말이 무엇인지 내 안에서 먼저 정리한 후에 상대가 알아듣도록 말해줘야 한다. “딸, 전화 좀 자주 해. 오래 안 오면 서운해”라고 말해야 관계를 해치지 않으면서 문제가 쉽게 해결된다. 질문을 질문답게 쓰려면, 평소에 평서문을 제대로 사용해야 한다.

진짜 질문의 조건

오후가 되어 글을 쓰다 말고 아이를 따라 놀이터에 나갔다. 가짜 질문에 대한 생각을 꼬리처럼 매단 채, 그네를 타고 있는 둘째를 물끄러미 바라보던 중이었다. 그때 아이의 옆에서 초록색 그네를 타던 유치원생(가방이 말해줬다) 여자아이가 큰 소리로 엄마에게 말했다.

"엄마, 나도 빨리 초등학생이 되고 싶어요."

딸의 그네를 밀어주던 엄마는 그 말에 놀랐는지, 멈춰서서 여러 질문들을 쏟아내었다. 나는 직업병처럼 엄마의 질문에 마음이 쏠렸다.

"갑자기? 왜 되고 싶어?"
"초등학생 되면 공부 많이 해야 하는데, 괜찮아?"
"언니 되면 이제 그네는 혼자 탈 수 있는 거지?"
"그럼 이제 밥 많이 먹어야겠네?"
"왜 또 말이 없어?"

엄마의 질문들에 아이는 한마디도 답이 없었다. 나는 가만히 그 엄마의 질문을 머릿속에서 되감기하며 공주 원피스를 입은 아이의 입장이 되어 보려 했다. 우선 "갑자기?"라는 말은 어쩐지 달갑지 않다. "갑자기 왜 말이 바뀌어!"라고 추궁하는 느낌이다. "왜 되고 싶어?"라는 질문 역시 답하기가 좀 어렵다. 생각할 시간이 필요한데 엄마는 기다려주지 않고 이미 다음 질문으로 넘어가 있다. 그리고 나머지 질문들은…… '이미 답이 정해진 게 아닌가?' 싶었다.

아이가 대꾸 없이 그네만 타자, 엄마는 가만히 더 생각을 하는 것 같았다. 그러다 포기하지 않고 한 가지 질문을 더 던졌다.

"초등학생이 되면 뭘 가장 해보고 싶어?"
"저 오빠처럼 그네 높이 타고 싶어요."
"그랬구나, 오빠처럼 잘 타고 싶었어!"

저거다! 엄마는 결국 진짜 질문을 해냈다. 덕분에 우리는 아이의 마음을 알 수 있게 되었다. 바로 옆, 빨간색 그네에서 보란 듯이 높게 날아오르는 초등학생 오빠의 실력이 부러웠던 것이다. 곁에서 듣던 내 속이 다 시원해서, 덩달아 함박 미소가 지어졌다.

진짜 질문은 상대를 이해하기 위한 수단으로 사용되어야 한다. 이것이 첫 번째 조건이다. 상대의 답을 궁금해하고, 그것을 귀담아 들어야 한다. 상대가 그 말을 할 때 어떤 기분인지, 그래서 진짜 말하고 싶은 핵심 메시지가 무엇인지, 어떤 의도를 전하고 싶은지를 적극적으로 헤아려 듣는 태도가 수반되는 것이 중요하다. 자신의 질문에만 집중하는 가짜 질문과의 가장 큰 차이도 바로 이 지점에서 나타난다.

책《어른의 영향력》에서는 이러한 질문을 '이해를 동반한 질문'이라 부른다. 이해를 동반한 질문이란 응답자가 제공하는 정보에 질문자가 영향을 받거나, 이를 받아들인다는 뜻이다. 답이 정해져 있지 않은 질문, 상대의 대답에 따라 대화가 달라질 수 있는 질문을 말한다.

이해를 동반하는 진정한 질문이 효과적인 이유는 관계 구축에 있다. 스탠퍼드 대학교 교수인 뎀스키 등의 언어학자들은 이해를 동반하는 진정한 질문이 공통점과 협력 의식을 이끌어낸다고 설명한다.

속이 이미 정답으로 꽉 차버린 상태에서는 진짜 질문을 할 수 없다. 질문을 할 때는 답의 자리가 비어 있어야 한다. 그것을 상대가 채워줄 때까지 기다림이 필요하다. 상대가 자신의 감정, 생각, 욕구에 대해 정리할 시간을 줘야 한다. 그리고 그것이 어떤 내용이든 인정하고 수용하는 태도가 뒤따라야 한다. 설령 상대의 말에 동의하지 못하더라도 말이다.

"그런 마음이었구나."
"그래, 무슨 말인지 이해하게 되었어."
"네 생각을 말해줘서 고마워."

진짜 질문의 두 번째 조건은 생각의 주체가 질문자가 아니라, 답변자가 되어야 한다는 것이다. 질문은 내가 원하는 것을 얻기 위한 장치가 아니라, 상대에게 생각할 기회를 제공하는 일이다. 상대가 스스로 자신의 내면을 인식하고 정리하도록 거울 역할을 해주어야 한다. 이미 정해진 답으로 유도하거나 부족함을 깨우쳐주겠다는 마음이 발동하면, 그것은 이미 질문이 아니다.

"말하다 보니 생각이 좀 정리되네."
"말하고 나니까 속이 좀 시원하다."
"내 얘기 들어줘서 정말 고마워."

건강한 질문을 받으면, 사람들은 자기 내면으로 들어갈 수 있다. 상황이 바뀌거나 문제가 해결되지 않아도, 말을 하다 보면 그 안에서 버릴 것은 버리며 새로운 가능성을 발견할 수 있다. 생각이 정리되고 속이 시원해진다. 이때의 질문은 족쇄가 아니라 해방을 위한 열쇠가 된다.

일상의 대화에서 질문이 자리 잡지 못한 이유 중의 하나는 주변에 만연해 있는 가짜 질문 때문이다. 사람들은 질문으로 자신을 이용하거나 조종하려는 사람들의 의도를 직감적으로 간파한다. 그리곤 질문에 대한 마음의 문을 닫는다.

질문하기 전에 내가 무엇을 말하고 싶은지 생각해보자. 질문의 순간인지, 요청의 순간인지를 분별하자. 질문은 아무 잘못이 없다. 질문을 사용하는 우리에게 연습이 더 필요할 뿐이다.

| 가짜 질문 구별하기 |

1. **이미 답이 정해진 질문은 가짜 질문이다.**
2. **가짜 질문은 책임을 추궁하고, 죄책감을 자극하며, 협력을 해친다.**
3. **이미 답이 정해져 있다면, 질문하지 말고 직접적으로 원하는 것을 요청하는 것이 낫다.**
4. **진짜 질문은 이해를 동반한 질문으로 경청과 수용이 동반된다.**
5. **진짜 질문은 상대가 생각을 정리하고 마음을 환기하는 데 도움을 준다.**

익숙함의 틀을 깨고
타인의 세계로 확장하는 법

관계는 멈춰 있는 상태가 아니라, 끊임없이 움직이는 동작입니다. 2장 '7가지 질문의 기술'에서 우리가 배운 것은 뻔한 루틴에 갇힌 대화에 생기를 불어넣고, 관계에 깊이와 밀도를 만들며, 성장과 성과를 높이는 구체적인 방법들입니다. 질문이라는 정교한 도구를 손에 쥘 때, 우리는 비로소 오해의 안개를 걷어내고 서로에게 더 깊이 닿을 수 있습니다.

1. 호기심 질문은 관계를 숨쉬게 합니다

"그냥 궁금해서"라는 투명한 호기심은 익숙함에 가려진 상대의 새로운 얼굴을 발견하고, 굳어버린 관계에 생기를 불어넣습니다. 오래된 관계에는 낯설고 재미있는 질문이 효과적입니다.

2. 후속 질문은 대화를 풍성하게 합니다.

상대의 말끝에서 단서를 찾아 간결한 꼬리 질문을 덧붙임으로써 대화를 생생하고 입체적인 풍경으로 엮어갑니다. 달변가가 아니어도 유연하고 부드럽게 대화를 이어갈 수 있습니다.

3. 에너지 질문은 관계의 잔고를 채워줍니다

문제가 아닌 해결을, 어제의 고민이 아닌 내일의 기대를 물음으로써 상대의 사기를 높이고 관계의 계좌에 신뢰를 입금합니다. 말하고 싶어하는 것을 말하게 해줄 때 대화가 즐거워집니다.

4. 시제 질문은 자원과 가능성을 찾아냅니다

상대가 성실히 쌓아온 시간을 과거와 미래의 축까지 넓혀 바라보는 것은 한 사람의 인생을 향한 깊은 존중과 애정입니다. 시제 질문은 평범했던 순간을 살아있는 역사로 만들어줍니다.

5. 깊이와 높이 질문은 시야를 넓힙니다

내면의 감정과 욕구, 가치까지 깊게 닻을 내리고, 동시에 더 높은 곳에서 현재를 조망하는 질문은 대화의 수준을 바꿉니다. 낯설게 바라보는 질문은 새로운 통찰을 가져다줍니다.

6. 성장GROW질문은 작은 성공을 지원합니다

목표부터 실행까지 단계별 질문을 통해 일의 주도성과 책임감을 높이고, 자신감과 성장감을 느끼게 함으로써 성과를 이끌어냅니다. 계획된 질문 프로세스는 실행을 가능하게 합니다.

7. 진짜 질문은 진짜 답을 불러옵니다

내 의도를 숨긴 가짜 질문을 멈추고 답의 자리를 비워둘 때 질문이 힘을 발휘합니다. 상대의 이야기를 온전히 받아들을 준비를 마치고 나면, 비로소 숨겨진 진짜 이야기를 듣게 됩니다.

3장

"

"

말과 말 사이

상대에게 온 마음을 쏟는다

전념하기

오랫동안 회사 휴직을 고민해온 친구가 있다. 여러 사람에게 조언을 구해보기도 했지만 선뜻 어떤 결정도 내리지 못한 채 시간만 흘렀다고 했다. 그렇게 문자로 소식을 주고받으며 지내다가 며칠 전에는 만나서 차 한잔을 하게 됐다. 서로의 근황을 나누던 중에, 친구는 다시 직장 이야기를 꺼냈다. 여전히 이러지도 저러지도 못하는 갑갑한 상태인 듯 보였다.

그간 여러 번 반복해서 들어왔던 이야기였지만, 이번에는 내 마음가짐이 달랐다. 어차피 대신해줄 수 있는 것이 없었다. 해주고 싶은 말이 있다면 그것도 이미 다 했다. 내가 할 수 있는 일은 '이 순간에 함께 있어주는 것'이라는 생각이 들었다. 그렇게 30분 정도 대화가 오갔을까, 잠시 후 놀라운 변화가 일어났다.

"그래! 너랑 이야기를 하다 보니까 이제 알 것 같아. 나
는 회사를 쉬고 싶은 게 아니라. 자극이 필요한 거야. 그
동안 용기 내지 못했던 새로운 일 말이야! 진짜 고맙다.
왜 여태 그걸 몰랐을까?"

친구는 회사를 쉬고 싶은 게 아니라, 새로운 일을 하고 싶은 것
이라고 했다. 너무 늦어버린 것 같아 모른 척했던 도전과 변화의
욕구를 깨달았다며 목소리에 힘이 들어갔다. 그러면서 정말 고맙
다고, 나와의 대화가 큰 도움이 되었다고 연거푸 말했다.

"진짜 고마워. 네 덕분에 내 마음을 알게 되었어."
"응, 진짜 집중해서 들었어. 도움이 되었다니 기뻐."

나는 대화에서 별로 한 말이 없었다. 질문도 많이 하지 않았다.
이미 친구가 하고 싶은 말이 차고 넘쳤기 때문에, 가벼운 호응이나
맞장구로도 충분했다. 이야기를 더 이어갈 수 있게 하는 후속 질문
이나 스스로 마음을 살펴볼 수 있도록 돕는 깊이 질문 몇 개를 한
것이 전부였다.

"그랬구나."

"그래서 어떻게 되었어?"

"그럴 때는 마음이 어때?"

그러면서도 '진짜 집중해서 네 이야기를 들었다'는 말이 불쑥 튀어나왔다. 돌아가는 길에 우리의 대화 과정을 하나씩 복기해보았다. 그리고 깨달은 점은 아무것도 하지 않음으로써 다른 무엇을 더 열심히 하고 있었다는 사실이었다.

나는 대화에서 오롯이 친구에게 집중했다. 지금 이 순간에 일어나는 일들에 마음을 전념하고자 했다. 전념專念, 사전적으로 오직 한 가지 일에만 마음을 쓴다는 뜻이다. 대화에서 상대에게 전념한다는 것은 현재 일어나는 일이 아닌 것에는 마음을 두지 않는다는 말이다.

이를테면 이따 집에 가서 처리해야 할 일이나 인터넷 쇼핑몰에 저장해둔 구매 목록을 떠올리지 않는다. 혹여 그런 생각이 일어나더라도 '아!' 하고 알아차리고 다시 친구와 함께 있는 지금 이 순간으로 주의를 돌린다.

또한 전념한다는 것은 머릿속에서 자동적으로 일어나는 평가나 해석을 멈춘다는 뜻이기도 하다. 상대의 말을 들으며 '옳다' 혹은

'그르다'라는 판단의 마음이 들 때, 그 생각을 더 키우지 않는다. 나는 이 순간 가능한 고요한 상태로 친구 곁에 머물고자 했다.

정신적 스승이라 불리는 에크하르트 톨레는 이러한 상태를 고요함의 공간이라고 표현했다. 그는 고요함이 가져오는 드넓은 공간의 여유로움 없이는 어떤 인간관계도 자랄 수 없다며 상대의 말에 잠시만 전념하면 충분하고, 그 사람을 바라보거나 그의 말을 들을 때 2~3초 정도 고요함을 유지하면 된다고 말한다. 또한 그때의 감정이 나의 내면에서 솟아오를 때 남의 내면에서도 같은 차원을 이끌어낼 수 있다고도 전한다.

그의 방식으로 설명하자면, 친구에게 전념했을 때 내 안에 고요함의 공간이 만들어졌고, 친구의 내면에서도 내 것과 연결된 생생한 힘이 일어난 것이다. 여기에 어떤 이름을 붙이든 간에 실제로 에너지의 공명은 친구의 마음을 열었고, 새로운 통찰을 불러일으켰다.

대화에 전념한다는 것은 상대와 눈을 맞추고 고개를 끄덕이는 것보다 더 세밀한 주의가 요구되는 과정이다. 그것의 구체적인 실체는 한 번에 하나씩, 정성껏 관찰하는 일이다. 이는 감각을 열어 상대를 보고, 듣고, 느끼는 것에서 시작한다. 시시각각 변하는 얼굴 표정이며, 에너지를 따라 바뀌는 동작 하나하나를 지긋하게 눈에 담고, 자주 반복되는 단어나 강세가 도드라지는 표현을 새겨듣는 것을 포함한다.

또한 친구의 이야기를 듣다 보면 내 안에서도 몸의 반응을 통한 감정이 일어난다. 가슴이 답답해지거나 혹은 머리가 시원해지는 느낌을 받는다. 거울 뉴런에 의해 친구의 것이 고스란히 내부 감각으로 전달될 때가 있다. 그것 역시도 알아차린다. 그렇게 현재를 살피다 보면 소란한 마음이 가라앉고 오롯이 내 앞의 한 사람만 보인다.

예를 들어 친구가 말을 하면서 얼굴의 양 미간을 찡그리면, '양 미간을 찡그리며 말하네'라고 알아차린다. 그럴 때 '뭐 저렇게까지 심각하게 생각하지?' 식으로 관찰한 것을 평가하지 않으며 현재 상태에 머문다. 그러다 친구의 말과 말 사이에 맞장구처럼 덧붙이면 충분하다.

"말하면서 양 미간을 찡그리네."

어떤 말을 할 때는 친구의 표정이 이전과 확연하게 달라진다. 유독 눈을 동그랗게 뜬다. 몸의 동작도 커지면서 활력이 생겨난 듯 보였다. 이번에도 보고 느낀 그대로 친구의 말끝에 말을 이어 붙였다.

"그 말 하면서 눈도 커지고, 뭔가 신나 보이는데?"

귀에 반복해서 들리는 단어나 문장이 있다면 알아차린다. 내 안의 소리를 줄이면 친구가 드러내거나 피하려는 말들이 있다는 것을 알게 된다. 이번에도 군더더기 말을 덧붙이지 않고, 친구에게 들은 말 그대로 다시 돌려주었다.

"'뭔가 새로운 것.' 그 말을 자주 하네."

주의를 집중한 관찰 반응을 보이면 친구는 그것을 거울 삼아 자신을 비추기 시작한다. "내가 그랬나?", "신나 보였어?"라며 자신의 일부를 새롭게 인식하게 된다. 친구의 깊은 내면에서 어떤 화학적 반응이 일어났는지 정확히 알 수는 없지만, 타인의 깊은 응시는 친구에게 필요했던 무엇인가를 채워준 듯했다. 아마도 소속감, 인정, 애정, 안정, 그리고 중요한 존재가 되고자 하는 욕구가 충족된 것이 아니었을까 짐작해본다. 그렇게 만들어진 안전지대에서 나눈 대화는 이전과는 분명 달랐다.

말과 말 사이에서는 질문의 기술보다 전념이 먼저다. 질문에만 신경 쓰다 보면 되려 본질을 놓치기 쉽다. 더 효과적인 한 방의 질문을 찾느라 정작 사람을 제대로 살피지 못하게 되는 것이다. 오늘, 질문의 기술 강의가 끝난 뒤 한 교육생이 뒤따라 나와 내게 물었다.

"말씀하신 대로 질문이 진짜 필요한 것 같아요. 제가 내일 면담을 할 사람이 있는데, 그 사람은 이미 마음이 상해 있는 상태거든요. 이럴 때는 어떤 질문이 효과적일까요? 질문을 해도 '별로 말할 게 없다'고 할 게 뻔하거든요. 그럴 때는 또 어떤 질문이 좋을까요?"

그는 질문을 했을 때, 상대가 답을 하지 않을까 봐 걱정하고 있었다. 이미 마음이 상해 있는 사람에게 질문을 하면 오히려 더 기분이 상하는 건 아닐지, 그렇다면 그런 상황에서 바로 쓸 수 있는 질문의 기술은 무엇일지 불안해하며 내게 거듭 물어왔다.

"질문은 이 정도 준비하시면 충분해요. 나머지는 전념에 마음을 써보시면 어때요? 면담에서 상대를 설득하려 하지 마시고, '함께 있겠다'고 생각해보는 거예요. 상대가 무엇을, 얼마만큼을 말하든 정성껏 보고, 듣고, 관찰하겠다는 마음으로요. 내가 무엇인가를 말하려고 하지 말고, 상대의 목소리만 들어보세요. 분명 이전과는 다른 어떤 일이 일어날 거예요."

　개운치 않은 얼굴로 돌아가는 학습자를 보면서 속으로 "면담을 통해서 무엇을 얻고 싶으세요?"라거나 "면담을 앞두고 무엇이 가장 두려우세요?"라는 질문을 할걸 그랬다 싶었다. 전념을 경험하지 못한 사람에게 그것은 피상적인 경청 정도로만 이해되는 것 같았다.

　준비한 질문에 상대가 어떻게 나올지는 알 수 없다. 그저 우리는 의도를 담지 않은 깨끗한 질문을 준비하고, 말과 말 사이에서 사람을 기다려야 한다. 상대를 예상하고, 예측하고, 통제하려는 마음과는 정반대에서 그저 한 사람에게 전념할 때 질문도 효능을 발휘한다.
　그러나 전념은 어쩌면 이번 장에서 소개하는 기술 가운데 가장 실천하기 어려운 방법일지도 모르겠다. 대화 도중에 휴대폰으로 눈을 돌리지 않고, 머릿속을 뛰어다니지 않고, 미리 할 말을 준비하지 않는 것이 얼마나 힘든 일인지는 모두가 알고 있으니 말이다.
　누군가에게는 지금 곁에 앉은 단 한 사람에게만 온 마음을 쏟는 일이 견디기 어려운 고통처럼 느껴질 수도 있다.

　하지만 일단 전념의 대화를 시도해보면 지금까지와 전혀 다른 대화의 페이지가 열린다는 걸 조금씩 체감할 수 있을 것이다. 전념

의 대화는 그 자체가 강력한 위로와 뭉클한 감동으로 다가가는 힘

을 가진다.

가짜 공감에서 벗어난다
타당화하기

"시간도 없는데 엉뚱한 말을 길게 늘어놓으니까 힘들어
요."
"변명이나 남 탓 같은 말에도 공감을 해줘야 하나요?"
"질문에 대한 답을 듣고 나면 같이 책임을 져야 할 것
같아 부담스럽습니다."

좋은 마음으로 질문을 했다가도 '괜히 했다' 싶어 후회될 때가
있다. 생각지도 못한 엉뚱한 답변을 듣게 되거나, 상대가 변명이나
남 탓과 같은 방어적 태도를 보일 때면 특히 그렇다. '요즘은 뭐가
가장 힘드냐'라고 물었더니 끝도 없는 불평이 쏟아지고, '내가 뭘

도와줄까?'라는 질문에 자기 일까지 떠넘기는 듯한 답을 듣고 나면, 다음에는 질문을 하고 싶은 마음이 싹 사라진다.

나 역시 비슷한 경험을 종종 한다. 연구소 직원에게 "고객사와의 통화에서 무엇을 느꼈어요?"라고 물었다가, 고객사에 대한 불만을 필요 이상으로 구체적으로 설명하는 바람에 속이 답답해진 적이 있다. 들으면서 '그렇게만 생각하면 어쩌냐'며 잔소리하고 싶은 충동이 일기도 했다.

기대한 방향대로 대화가 흘러가지 않으면 질문자는 당혹감과 난감함을 느낀다. 이는 우리가 얼마나 자주 의도를 숨긴 채 질문의 대화를 시작하는지 깨닫는 기회가 되기도 한다. 이러한 부담감으로부터 자유로워지려면 질문과 질문 사이에 상대가 어떤 말을 하든 담담하게 듣고, 무겁지 않게 반응하고, 또 다른 질문으로 유연하게 이어가는 여유와 실력이 필요하다. 어떤 막다른 골목을 만나도 지레 겁먹지 말고 다른 길을 찾아야 한다.

그러려면 우선 공감의 압박에서 벗어나야 한다. 도저히 동의가 되지 않는 어떤 말에도 고개를 끄덕이며 '그래, 그렇지', '맞아, 나 같아도 그랬을 거야' 라고 맞장구치고, 이해한다는 듯한 너그러운 표정을 짓고 있어야 할 것만 같은 의무감에서 벗어나야 질문이 편해진다.

공감은 아무리 강조에도 지나치지 않을 만큼 가치 있는 일이다. 책 《삶이 고통일 땐 타인을 사랑하는게 좋다》에서 말했듯이 나의 관심이 자기 내부가 아니라 외부를 향할 때, 다른 사람과 접촉하고 협력할 때, 타인에게 공감하며 나의 시간과 돈과 체력을 내어줄 때 우리는 그 대가로 상당히 많은 것을 얻는다.

우선 불안과 우울, 중독에서 벗어난다. 더 잠을 잘 자고 유익한 호르몬을 얻게 되며, 면연력이 높아지고 번아웃으로부터 자신을 지킬 수 있다. 뿐만 아니라 삶의 스트레스는 줄어들고 삶의 만족감과 안녕감을 느끼며 친밀한 관계 안에서 행복을 자주 경험하게 된다. 과학적으로도 자기 중심적 사고에서 빠져나와 다른 사람에게 집중하며 공감 능력을 향상시키면 결국 가장 큰 이득을 보는 건 자신이라는 사실이 알려져 있다.

그러나 타인에게 마음을 기울이는 방식이 반드시 동의나 공감이 되어야 하는 것은 아니다. 동의는 상대의 생각이나 의견과 뜻을 같이하는 것이다. '나도 그렇게 생각해' 혹은 '나 같아도 그랬겠다'는 식의 일치감을 말한다. 공감은 상대와 같이 느끼기 위해서 인지적 혹은 정서적으로 이입하는 과정이다. "얼마나 힘들었니", "정말 마음이 아팠겠다"의 방식이다.

정말이지 동의나 공감이 안 되는 상황도 있다. 그럴 때 억지로 동의와 공감을 쥐어짜는 것은 서로에게 득이 되지 않는다. 듣는 사람은 억지 연기를 하면서 '공감 피로'에 시달리게 되고, 말하는 사람 역시 가짜 공감을 눈치채면서 불편감을 느끼게 된다.

방송인 유병재 씨가 운영하는 유튜브 채널에 일명 '무공해'라 불리는 콘텐츠가 있다. 제목 그대로 '무조건 공감해드린다'는 콘셉트다. 이 방송에서는 전화 연결된 사연자가 어떤 엉뚱한 이야기를 하더라도 호스트가 무조건적인 공감을 해준다.

> "제가 학교에 지각해서 벌금을 냈는데, 왜 제가 내야 하죠?"
> "그러게, 듣고 보니 화가 나네! 말도 안 된다! 왜 네가 내? 버스 기사님이 내야지!"

공감이 어려운 사연일수록 호스트의 시선은 갈 곳을 잃는다. 속으로 한숨을 삭이고 삐져나오는 웃음을 참아내면서 끝까지 공감하고 나면, 얼굴이 벌게지고 빠르게 기력을 잃는다. 스스로 '맘에 없는 이야기는 잘 못한다'던 한 게스트는 '퇴근하면 안 되냐, 이렇게 힘든 건 줄 몰랐다'며 고개를 내젓고는 푹 꺼진 눈을 꿈벅거렸다.

우리의 모습도 이와 다르지 않다. 참고 견디는 공감은 서로에게 좋을 것이 없다. 대화가 기쁨이 아니라 노동이 되어버리고, 이후에는 다시 얼굴을 마주하는 일도 내키지 않는다. 서로 적당한 거리에서 말하고 들을 줄 알아야 그 관계가 오래 지속되고, 질문이 계속해서 이어질 수 있다.

적당한 거리를 유지한다는 것은 상대의 이야기에 귀를 기울이면서도 무시하지 않는 정도의 거리감을 뜻한다. 내가 소모될 만큼 무리하게 애쓰지 않으면서도 상대의 경험을 부정하지 않는 정도에서 반응하는 것, 이를 타당화^{Validatio}라고 부른다.

타당화는 상대의 사적인 감정과 생각을 인정하고, 그것을 내 기준대로 평가하거나 규정짓지 않는 것이다. 다시 말해 '나는 잘 모르겠지만, 너에게는 그럴만한 이유가 있겠지'의 태도다. 타당화를 할 때 사용하면 좋은 문장은 아래와 같다.

"그렇게 느꼈구나."
"그렇게 생각했구나."
"그렇게 받아들였구나."
"그렇게 해석되었네."
"그럴 수도 있구나."

고객사의 담당자가 자신을 무시한 것 같아서 기분이 나빴다는 직원의 이야기를 들으면서 나는 사실 공감이 잘 되지 않았다. '평소에 그렇지 않은 사람인데, 사정이 있었나?', '당신이 좀 예민하게 받아들인 것은 아닐까?' 하는 생각이 스쳤다.

그러나 그것은 내가 직원의 입장이 되지 않으면 절대 알 수 없는 일이다. 직원이 느끼는 감정이나 생각, 상대의 말을 해석하고 받아들이는 방식은 그 사람의 입장에서 나름의 이유가 있기 마련이다. 당사자가 되지 않는 한 내밀한 사정까지 온전히 이해하기는 어렵다. 따라서 직원의 말에 동의할 수는 없더라도 거부하거나 무시하지 않는 지점에서 반응해주면 충분하다.

"담당자 입장에서는 그렇게 느꼈군요."
"그렇게 생각되었군요."
"그렇게 받아들일 수도 있군요."

공감할 수 없다면, 상대의 고유한 경험을 부정하지 않으면서 앞으로 더 나아가자. 타당화의 문장은 상대의 마음을 상하지 않게 하면서도, 질문자 역시 가볍게 상대의 말을 넘기도록 도와준다. 타당화 이후에는 상대의 속마음을 더 알아보는 깊이 질문이나, 다른 관점과 입장을 생각하게 해보는 높이 질문으로 대화를 이어가면 된다.

"당신에게 중요한 것은 무엇이었어요?"(깊이 질문)
"고객사는 어떤 상황이었던 것 같아요?"(높이 질문)
"어떻게 일을 마무리하고 싶어요?"(미래 질문)

얼마 전 학교 수학 시험에서 80점을 받아온 큰아들과 나누었던 대화가 떠오른다. 나는 80점이라는 점수가 못내 아쉬웠지만, 말해주기의 충동을 견뎌내며 아이에게 '너는 이 점수에 대해 어떻게 생각하냐'고 물었다. 그랬더니 대뜸 '나름 만족한다'는 답변이 돌아왔다. 엄마로서는 그 말에 영 동의할 수가 없었다. "그래! 그 정도면 잘했지!"라는 말은 도저히 안 나왔다.

"네가 받은 성적에 대해 어떻게 생각해?"
"80점 정도면…… 나쁘지 않지, 뭐."
"너는 나쁘지 않다고 느꼈구나. 다행이네, 그럼 다음 시험에는 몇 점까지 받아보고 싶어?"
"마음이야 100점이지만, 그건 어려울 것 같고…… 90점?"
"오! 90점 좋네. 엄마도 기대할게. 수고했어, 아들!"

수학 공부는 아이의 일이다. 누구도 대신 해줄 수 없기에 아이 자신의 느낌과 경험을 부정하지 않는 타당화 존ZONE에서 대화하려고 거리감을 조절했다. 먼저 질문해놓고는 엄마가 가르치고 주장하며 나서면 아이는 앞으로 솔직한 속내를 드러내 보이고 싶지 않을 것이다.

그래서 잘 되지 않는 공감을 더 하려고 하는 대신 미래 질문으로 대화를 이어갔다. 미래 질문은 상대에게 지금보다 더 잘해내고 싶은 내적 동기와 목표가 있다고 믿을 때 건넬 수 있는 기대 질문이다. 아이는 다음 시험에서 90점에 도전해보겠다고 말했고, 나는 아들의 어깨를 도닥여주었다.

물론 다음에도 내 마음 같지 않은 답을 듣게 될 수 있다는 사실을 안다. 하지만 무엇보다 중요한 점은 우리가 여전히 질문과 답을 주고받는 사이라는 사실이다. 사춘기를 앞둔 아이는 엄마의 질문을 의심하지 않고, 나는 아이의 답을 무시하지 않는다. 앞으로도 내가 질문해놓고 놀라거나 실망할 일이 많겠지만, 지금의 친밀한 관계를 유지하기 위해 기꺼이 노력하고 싶다.

대화에 리듬을 부여한다
호응하기

앞서 유튜브 채널 〈요정재형〉을 소개한 바 있다. 게스트에 대한 깊이 있는 공부와 준비를 통해 뻔하지 않은 호기심 질문을 만들어내는 모습을 볼 수 있다고 말이다. 그리고 그의 토크 영상에서 돋보이는 또 다른 모습이 있었는데, 그것은 바로 상대의 말과 말 사이에 호응하는 능력이었다.

정재형 씨는 대화를 하면서 끊임없이 맞장구를 쳤다. "그래, 맞아", "그렇다니까" 하면서 상대의 말을 이어받았고, 표정이나 박수, 웃음으로도 집중하고 있음을 드러냈다. 무엇보다 인상 깊었던 것은 중간 중간 상대의 말을 요약하는 기술이었다. 게스트가 사용한 단어 그대로 반복할 때도 있고, 상대가 길게 설명한 어떤 말을 축

약해서 새로운 단어로 정리하기도 했다. 이런 방식은 핵심 내용을 오해하지 않도록 전달할 수 있으며, 화자가 자기 생각을 검토하는 데 도움을 준다.

또한 "오늘 또 느끼네", "내가 놀랐던 점은……" 하고 상대의 말에 대한 청자의 느낌과 소감을 짧게 덧붙이면서 대화를 겹겹으로 풍성하게 만들었다. 초대된 게스트는 이런 호스트의 호응을 보면서 고마워했고, 대화가 진행될수록 자신의 이야기에 더 몰입하는 듯 보였다.

"그래, 맞아."
"만학도였네."
"은인이셨구나."
"오늘 또 느끼네."
"내가 놀랐던 점은…….
"내가 네 이야기를 들으면서 기분 좋았던 건~"

호응이란 상대의 부름에 응하는 것이다. 상대의 말이 전달되었을 때 내가 잘 듣고 있고, 당신과 함께 있다는 마음을 표현하면서 이루어지는 상호 작용의 과정이다. 이때 어떻게, 그리고 얼마나 다양한 방식으로 호응하는가에 따라 대화의 리듬감이 달라진다.

대화에는 리듬이 존재한다. 분위기와 타이밍, 감정의 강약 고저 등이 내용과 상황에 따라 변주를 이루면서 대화에 호흡이 생긴다. 이때 상대에게 맞춘 호응일수록, 맛을 살리는 호응이 있을수록 대화에 친밀감과 일치감이 만들어진다. 이어지는 질문과 답 역시 매끄럽게 연결된다.

호응의 기초는 '비언어적 호응'으로 시작한다. 눈을 맞추고, 고개를 끄덕이고, 상대의 에너지 흐름에 따라 표정에 변화가 일어나고, 때때로 박수를 치거나 미소 짓고 소리 내어 웃는 모든 반응을 포함한다.

상대적으로 표정이 얼굴에 잘 드러나지 않는 사람들은 '감탄사 호응'을 적극적으로 활용하는 것이 좋다. 이때 가능한 다양한 버전을 골고루 사용하도록 하자. "아~ 정말?", "대박", "그랬어?" 등과 같이 특정 감탄사만 반복하여 사용하면 다소 기계적인 느낌을 주게 된다.

분위기에 따라 "저런", "그랬구나", "아이고……", "어떻게!", "설마!", "오!", "말도 안 돼", "쿨하네", "멋지다!", "최고네!", "부럽다", "잘했네", "이야~", "좋다", "응응", "맞아", "그러게", "그렇지" 처럼 다채로운 감탄사를 활용하는 것이 좋다.

'감정 호응' 역시 효과적인 호응 방법이다. 감정 호응은 대화 중에 느껴진 감정에 반응하는 방법이다. 이야기는 단어와 문장, 소재와 주제, 등장인물과 사건으로 구성되어 있지만, 그 안에서 화자가 진짜 전하고 싶은 것은 '감정'이다. 감정의 색과 강도의 호응이 서로 맞아갈 때 대화는 안정된 리듬을 탄다.

> "대학원을 가야 하나…… 너무 고민이 되는 거예요. 지금 그것까지 할 자신이 없는데, 일을 하다 보면 꼭 필요한 것 같기도 하고, 자꾸 마음이 바뀌니까…… 도대체 어떻게 해야 하나 싶어요."

후배에게 위와 같은 말을 듣게 된 상황을 가정해보자. 이때 화자가 직접적으로 드러낸 감정에 반응할 수도 있고, 이야기의 내용이나 말하는 사람의 분위기를 통해 청자가 느낀 핵심 감정을 드러낼 수도 있다. 이때 평소에 많은 감정 단어를 알고 있고 이를 구별해서 사용하는 사람일수록 세밀한 감정 호응이 가능하다.

> "고민스러웠겠다."(상대가 직접 언급한 감정)
> "혼란스러웠겠어."(상대를 통해 느낀 감정)

더불어 상대의 양가적인 감정을 알아봐주는 것은 감정 호응의 고급 기술에 해당한다. 감정은 본래 복잡하고 양면적인 특성이 있다. 사랑하니까 화가 나고, 설레면서 불안한 식으로 말이다. 따라서 상대의 말 속에 숨어 있는 서로 다른 감정, 그러나 동시에 공존하는 감정을 알아채고 충분히 그럴 수 있다는 태도를 보여주면 한층 깊은 신뢰감을 나누게 된다.

"고민되고, 압박감도 느끼겠네."(다양한 감정)
"망설여지면서도 기대도 될 것 같아."(양가적 감정)

사람은 자신의 감정을 알아봐주는 사람에 대해 '좋은 관계'라고 인식한다. 좋은 관계라고 느끼면 진솔하게 자신의 마음을 개방할 수 있다. 위의 사례에서도 후배의 감정에 충분히 호응한 후에 "지금 네 커리어에서 가장 중요한 한 가지를 꼽으라면 뭐라고 생각해?" 혹은 "현재 상황에서 대학원 진학이 어려운데도, 포기할 수 없는 결정적 이유는 무엇인 것 같아?"라고 질문해보는 것이 좋다. 그래야 사람의 시선을 덜 의식하고, 질문 자체에 더 집중할 수 있다.

말과 말 사이에 '요약 호응'를 하는 것도 추천한다. 일상의 대화는 준비되지 않은 시나리오이기 때문에 대부분 자기 중심적이다.

상대가 잘 이해할 수 있도록 정리된 원고가 아니라, 즉흥적이고 모호한 상태로 타인에게 전달된다. 따라서 실컷 대화를 해놓고도 듣는 사람은 '그런 뜻이었어?'라고 생각하고, 말한 사람은 '너는 여태까지 뭘 들은 거야?' 하게 될 수 있다.

질문과 질문 사이에 요약하기의 호응을 하면 상호 이해의 격차를 좁히는 데 도움이 된다. 그래야 다음에 할 질문 역시 명료해진다. 뿐만 아니라 화자 스스로도 본래 하려던 말로부터 멀어지지 않도록 초점을 조정하면서 말을 이어갈 수 있다.

요약하기는 상당히 적극적인 호응 방법이다. 요약을 통한 능동적인 경청을 함으로써 상대를 향한 관심을 분명하게 드러낼 수 있다. 또한 대화를 주도적으로 정리해나가며 자신의 말로 나서지 않으면서도 대화를 전체적으로 이끌어간다는 인상을 준다.

요약하기는 크게 두 가지 유형으로 나뉜다. 하나는 이야기 자체를 정리하는 '내용 요약' 방법이다. 상대의 말 중에서 핵심 단어를 고르거나, 다소 긴 호흡의 이야기를 한두 문장으로 정리해서 '내가 이해한 것이 맞는지' 다시 확인하는 것이다. 이때 너무 길어지지 않게 간결하면서도 선택적이어야 한다.

"~했구나."

“그러니까 ~했다는 말이지?”

“나는 ~하게 이해했는데, 맞아?”

요약 반응을 통해 화자는 자신이 했던 말을 정정하거나 부연 설명할 수 있다. 요약과 수정이 반복될수록 대화는 명료해진다. 요약은 대화에서 오답 노트와 같은 역할을 하는 셈이다.

두 번째는 상대가 한 말에 나름의 풀이를 덧붙이는 ‘해석 요약’ 방법이 있다. 마음이 심란할 때는 말도 복잡하고 난해해진다. 앞뒤가 안 맞게 되고, 너무 많은 예시와 비유들이 등장하면서 이해하기는 더 어려워진다. 또 청자 역시 자신의 프레임을 바탕으로 상대의 이야기를 걸러 듣기 때문에 둘 사이에 오가는 대화가 조금씩 왜곡될 수 있다.

그럴 때는 상대의 말을 들으면서 내가 느낀 감정, 정리된 해석, 받아들인 의미 등을 다시 확인해보는 것이 좋다. 이러한 호응을 통해 서로가 가진 관점의 차이를 확인하게 되고, 때론 모호했던 메시지가 명료하게 드러남으로써 시점의 차이도 좁혀진다. 그러면 다음에 할 질문의 초점 역시 명확해진다.

“~한 것처럼 느껴지네.”

“~라는 의미인 거야?”

“나는 네 말이 ~라고 받아들여져.”

예를 들어 대학원 진학을 고민하는 후배에게 “나는 벌써 네가 마음의 준비를 시작했다는 말로 해석되는데, 맞아?”라고 해석 요약을 할 수 있다. 그러면 “사실은 좀 알아보기는 했어요”라는 화자의 속마음을 직접적으로 듣게 되기도 한다. 혹은 “아직 그렇지는 않아요. 망설이는 마음이 더 커요” 하면서 청자가 짐작했던 것과는 다르게 대화가 이어질 수도 있다. 상대의 마음이 향하는 방향을 오해 없이 이해하게 되고, 당연하게도 해석 요약 이후의 질문도 방향이 달라질 수밖에 없다.

“대학원을 가야 하나…… 너무 고민이 되는 거예요. 지금 그것까지 할 자신이 없는데, 일을 하다 보면 꼭 필요한 것 같기도 하고, 자꾸 마음이 바뀌니까…… 도대체 어떻게 해야 하나 싶어요.”

“나는 벌써 네가 마음의 준비를 시작했다는 말로 해석되는데, 맞아?”

“네…… 사실은 좀 알아보기는 했어요.”

“그랬구나. 알아보면서 어떤 부분이 정리되었어?”

"대학원을 가야 하나…… 너무 고민이 되는 거예요. 지금 그것까지 할 자신이 없는데, 일을 하다 보면 꼭 필요한 것 같기도 하고, 자꾸 마음이 바뀌니까…… 도대체 어떻게 해야 하나 싶어요."

"나는 벌써 네가 마음의 준비를 시작했다는 말로 해석되는데, 맞아?"

"아직 그렇지는 않아요. 망설이는 마음이 더 커요."

"그랬구나. 그럼 망설이지 않고 확신을 가지려면 뭐가 필요하다고 생각해?"

대화할 때 요약과 정리 없이 앞으로만 나가면, 자기만의 방식대로 상대의 말을 해석하게 될 가능성이 매우 높다. 그러면 방위가 맞지 않는 질문으로 시간을 소모하거나, 상대가 바라지 않는 조언을 욱여넣게 된다. 우리는 서로의 말을 이해하며 대화하고 있다고 생각하지만, 실상은 그렇지 않을 때가 생각보다 많다. 다른 감정과 생각, 의미와 의도에 꽂혀서 오히려 각자 다른 방향으로 조금씩 멀어지는 중일지도 모른다.

멀리 돌아가고 싶지 않다면 한 단락의 매듭을 잘 짓고 다음 대화로 건너가자. 요약을 습관처럼 하다 보면 우리가 얼마나 손에 닿기

어려운 거리에서 대화하고 있는지 깨닫게 될 것이다. 말이 많다고
마음까지 쉽게 닿을 수는 없다는 사실을 체감하게 된다.

존재 가치를 발견하고 긍정한다
인정하기

큰 행사의 강연에서 기대만큼 해내지 못하고 돌아온 적이 있다. 열심히 준비한 만큼 잘해내고 싶었기에, 무대가 끝나자 속상함과 실망감이 섞인 복잡한 감정이 몰려왔다. 나의 부족함 때문만은 아니라는 변명거리를 찾고 싶기도 했고, 누군가는 지난 숨은 노력을 알아봐주었으면 좋겠다는 바람도 들었다.

주변 사람들의 반응은 다양했다. "괜찮았다"라며 분위기를 가볍게 바꾸려는 사람도 있었고, 부족했던 점을 짚어주며 피드백을 주는 사람도 있었다. 그러나 아직 스스로를 객관적으로 바라보지 못하는 상황에서 듣는 칭찬이나 조언은 잘 소화가 되지 않았다. 이런 타이밍에 던져지는 질문 역시 무겁고 부담스럽게 느껴질 뿐이다.

그때 내 마음에 가장 와닿았던 말은 평가적이지 않은 한마디들이었다. 성과와는 상관없이 나라는 사람을 알아봐주는 말, 외롭고 치열했던 준비 과정을 알아주는 다정하고 세심한 말 덕분에 비로소 기운을 차릴 수 있었다.

"수고했어. 얼마나 혼자 치열하게 준비했겠어."
"끝까지 최선을 다한 거 알아. 애썼어."
"바쁜 와중에도 결국 새로운 시도를 해냈네. 축하해."

무엇을 대단히 잘해내지 않았아도 우리는 서로를 북돋는 말을 할 수 있다. 결과뿐 아니라 과정을 알아봐줄 수 있고, 그 시간을 지나온 사람을 격려할 수 있다. 이를 '인정하기'라고 부르는데, 말과 말 사이에서 상대방의 행동, 노력, 태도, 존재 그 자체를 읽고 받아들이며 알아봐주는 일이다.

인정하기는 칭찬과 유사하면서도 차이가 있다. 결과나 성과 중심doing으로 잘한 것을 잘했다고 말하는 것이 칭찬이라면, 인정은 사람 자체를 향한 응원과 축하, 격려의 마음being을 담아 호응하는 것을 말한다.

서러운 것은 나이가 차고 경력이 쌓일수록 인정의 말을 듣기 어려워졌다는 점이다. 부족한 사람은 고칠 점이 많다는 이유로 격려받지 못하고, 능숙한 사람은 잘하는 것이 당연해서 인정받지 못한다. 더딘 걸음을 걷는 사람에게는 지치지 말라는 응원이 필요하고, 꾸준히 잘해내고 있는 사람에게는 그 노력을 버텨내는 고단한 심정을 알아주는 이해가 필요한데 말이다.

아쉬운 결과를 책임지고 받아들이는 일은 여전히 쉽지 않았지만, 지난 시간을 인정해주는 말을 듣고 나니까 비로소 질문에 답을 할 준비가 됐다고 느꼈다. '그럼에도 불구하고 무엇을 잘해냈는지, 다음에 다시 기회가 온다면 무엇을 다르게 하고 싶은지, 앞으로 흔들리지 않고 나다움을 유지하려면 무엇이 필요한지'에 관한 성장 질문을 스스로 찾아내어 답하고 싶어졌다.

때때로 질문은 날카로울 수 있다. 졸고 있던 사람을 깨워 정신을 차리게 하고, 정확한 지점을 타격해서 뜨끔하게 만들기도 한다. 그래서 질문 자체는 차갑더라도, 분위기는 따뜻해야 한다. 문제는 예리하게 다루면서도 사람은 존재 자체로 다정하게 바라볼 수 있어야 한다. 그럴 때 한 사람의 시간과 과정을 인정하는 말은 마음을 도닥이는 따뜻한 윤활유가 된다.

또 다른 인정하기의 방식은 상대가 가진 긍정적 행동 특성을 발견하는 것이다. 대화를 하면서 인상적으로 느낀 상대의 강점이나 독특한 속성을 알려주는 일이다. 내담자의 동기를 강화하는 상담으로 알려진 MI^{Motivational Interviewing}에서는 인정하기란 '내담자 자체와 상대가 가진 강점의 가치를 긍정해주는 진술'이라고 설명한다. 자신이 가진 자원에 주목하게 함으로써 역량감^{feeling of empowerment}과 자기 효능감을 형성하게 해준다는 것이다.

고민을 털어놓고 너무 솔직하게 말했나 싶어서 걱정하는 친구에게 "이렇게 솔직해질 수 있는 용기가 너의 힘이 아닐까 싶어. 멋지다"라고 말하자 친구는 그제서야 웃어 보였다. 그러면서 "네가 용기라고 말해주니까, 용기가 더 생겨"라고 답했다.

또 자신을 너무 강박적으로 몰아붙이는 바람에 삶이 피곤하고 외로워진 것이 아닌가 하고 고민하는 선배에게 "저는 선배의 꼼꼼함과 집요함이 이번에도 선배를 구해낼 거라 믿어요. 좀 피곤해질 수는 있겠지만, 또 아무나 가질 수 없는 거잖아요"라고 말했을 때, 선배는 "그래, 맞아. 그게 나인데 어쩌겠어!"라며 고개를 끄덕였다. 그녀의 반응을 보면서 처음부터 선배는 그 말을 듣고 안심하고 싶었던 것은 아닐까 싶었다.

질문의 대화는 억지로 떠민다고 될 일이 아니라, 자가 동력이 필요한 일이다. 질문에 대한 답을 찾아낼 수 있다는 유능감과 자신감이 어느 정도 채워져야 지속 가능한 대화가 된다. 따라서 긍정적인 행동 특성을 인정하는 말하기는 에너지 충전의 역할을 할 뿐 아니라, 자신의 고유한 강점과 숨겨진 가능성에 대해 돌아보게 하는 자기 믿음의 기회가 된다.

다만 이것은 억지로 짜낼 수 있는 대화 기법은 아니다. 모든 사람에게 "대단해", "최고야"라고 말해서는 효과가 없다. 나와 다른 관점을 가진 사람으로부터 배우려는 태도를 지닌 사람, 누구를 만나더라도 상대의 장점을 먼저 발견하려는 눈을 가진 사람에게 자연스럽게 배어나는 태도의 기술이기 때문이다.

빛은 그림자를 동반한다. 용기는 때때로 무모함을 만들고, 꼼꼼함은 간혹 집착으로 이어진다. 인정하기란 상대가 무모함과 집착으로 힘들어할 때, 자신이 가진 긍정의 일면을 다시 보게 하는 일이다. 그래서 인정을 바탕으로 좋은 질문을 하려면 모든 사람에게 긍정과 부정, 이 두 가지 특성 모두가 동전의 양면처럼 공존하고 있다는 사실을 이해해야 한다. 그리고 상대가 자신이 가진 양면을 받아들이고, 그것을 앞으로 나아가기 위한 자원으로 쓰도록 도우면 된다.

마지막으로 상대가 가진 긍정 의도를 알아봐주는 것 역시 좋은 인정이 된다. 긍정 의도란 처음 가졌던 긍정적인 목표와 바람, 욕구를 뜻한다. 누군가 이것을 발견해주면 상대는 실수나 실패의 늪에서도 본래 가졌던 초심의 마음을 떠올리게 된다.

자신의 의도를 이해해주는 지지자가 있다는 곁에 있다는 것을 깨닫게 되면, 부정적 생각으로부터 빠져나오는 방법에 집중할 수 있다. 그제야 "다시 돌아간다면 어떻게 하고 싶어?"라든가 "다시 한다면 무엇을 바꿔보고 싶어?"와 같은 질문에도 답할 기운이 생긴다.

예를 들어 이것저것 시도하느라 끝맺음을 제대로 하지 못한 후배에게는 "다양한 시도를 하고 싶었던 거잖아"라고 말할 수 있다. 또 새로운 도전 앞에서 멈춰선 자신을 탓하는 동료에게 "지금 네가 하고 있는 것들을 지키고 싶어서 그랬겠지"라며 그 의도를 알아봐 줄 수도 있다. 그렇게 의도를 인정받은 사람은 스스로를 성찰하며, 더 나은 변화를 향한 대화로 나아간다.

얼마 전, 한 고객사와 과정 준비를 위해 몇 차례 전화 통화를 했다. 비슷한 강연을 수없이 해왔지만 그 담당자는 유독 걱정과 우려가 컸다. 내게 무리한 요청을 하기도 했고, 자칫 실례가 될 수 있는 질문이나 부연 설명도 덧붙였다. 함께 대화하면서 나는 놀라기도 했고, 한편으로는 약간의 불편함을 느꼈다. 그러면서도 '분명 이렇게 말하는 긍정적인 의도가 있을 텐데' 싶었다.

"이렇게까지 말씀하시는 이유가 있을 것 같아요, 어떤 사정인지 말씀해주실 수 있을까요?"라고 질문하자, 담당자는 참고 있던 한숨을 몰아쉬었다. 이번 과정에는 여러 명의 임원들이 관여하고 있고, 각기 다른 요청을 담당자에게 지시하고 있어서 난감한 상황에 처해 있다는 설명이었다. 상사들의 요구를 충족시키고 담당자로서 인정받기 위해 애쓰다 보니 결국 강사인 내게 무리한 요청을 하게 되었다고 한다.

"아, 그랬군요. 임원을 만족시켜야 내년 예산도 확보하
실 수 있으니까요."
"교육 담당자로서 상사도, 교육생도 모두 만족시키기
위해 애쓰셨겠어요."

그의 긍정적 의도를 알아봐주는 반응을 하자, 담당자는 자신의 마음을 알아주어 고맙다는 말을 수 차례 반복했다. 그러면서 "오히려 이렇게 대화를 나누니, 이번 강의에 대한 걱정이 말끔히 사라졌습니다. 강사님께서 하고 싶은 대로 강의하시면 되겠어요!"라며 시원하게 웃었다.

겉으로는 잘 드러나지 않지만, 타인의 행동 이면에는 추구하는 목적과 의도가 존재한다. 남들은 알지 못하는 무엇인가를 책임지

기 위해, 해내고 인정받기 위해, 지키고 보호하기 위해 고군분투 중이다. 때론 자신만의 전투가 너무나 버겁고 급박해서 타인을 배려할 여유를 갖지 못할 뿐이다.

상대의 반응이 이해되지 않을 때, 격려와 인정의 말 한마디가 나오지 않을 때는 누구나 자신의 순간에 최선을 다해내고자 하는 긍정적 욕구가 있다는 진실을 떠올리면 도움이 된다. 그것을 기억할 수 있다면 우리는 형식적이거나 겉도는 대화를 멈추고, 진짜 이야기를 할 수 있게 된다. 마음이 열리면 질문이 살아나고, 관계는 신뢰로 깊어진다.

코칭을 하다 보면 우리가 나 자신을 인정하는 일을 얼마나 어려워하는지 알게 된다. 자신의 실수와 문제점은 전문가 수준으로 찾아내면서도 스스로를 격려해보라고 하면 부끄러워하고 머뭇거리며, "이 정도를 잘했다고 할 수 있나요?"라고 반문하는 사람들이 많다.

오래도록 '잘했다'와 '못했다', 합격과 불합격의 간극만 오가다 보면, 나에게 짧은 인정의 말을 건네기도 어려워진다. 과정보다 결과만, 장점이 아닌 단점만, 의도가 아닌 이미지로만 자신을 평가하게 되고, 타인을 바라볼 때도 한발 더 깊이 들어가지 못한 채 단편적 수준으로 이해할 수밖에 없다.

"내가 이전과 다르게 더 신경 쓰고 노력한 점은 무엇이 었어요?"

"아주 작은 변화라도, 이전과 달라진 점은 무엇인가요?"

"그런 자신에게 어떤 격려의 말을 해주고 싶어요?"

"그건 당연한 일이 아니에요. 그런 자신을 어떤 말로 인정해주면 좋을까요?"

"내가 발휘한 고유한 장점은 무엇이라고 생각해요?"

위의 질문들은 코칭에서 고객에게 자주 건네는 말들이다. 만약 당신도 인정하기보다 평가하기가 익숙하다면, 위의 질문으로 셀프 인정을 연습해보기를 권한다. 인정하기 연습은 나를 충분히 바라보는 연습이다. 별것 아니라고, 남들보다 부족하다는 말로 그냥 지나치지 말고, 잠시 머물러서 자세히 바라보면 장점과 가능성을 가진 나의 새로운 면을 찾게 된다. 인정은 그런 다정한 발견의 과정이다.

책 《자연은 계산하지 않는다》에서 식물학자 로빈 월 키머러는 '충분함'을 인식하는 것이 중요하다고 말한다. 그는 우리가 필요한 것을 이미 가지고 있다는 사실을 알게 될 때 더 많은 것을 바라는 굶주림이 가라앉는다고 설명했다.

자연의 일부로서의 나 자신을 바라볼 때도 '충분함'을 먼저 인식하는 것이 중요하다는 깨달음을 얻게 된다. 더 나은 나, 개선된 나에 대한 끝없는 목마름을 진정시키려면 지금의 나를 충분히 인정할 줄 알아야 한다. 장점과 단점을 모두 가진 사람, 삶의 소망을 실현해내고자 하는 귀한 존재로서의 나를 수용할 수 있어야, 타인에게 건네는 인정의 말 역시 억지스럽지 않게 전할 수 있다.

믿음과 침묵의 가치를 깨우친다
기다리기

"글쎄……."

"생각해본 적 없는데."

"잘 모르겠어!"

질문을 던졌는데, "잘 모르겠다"는 답이 돌아오는 경우가 있다. 신경 써서 한 질문이었는데, 상대가 대충 넘겨버리거나 별로 개의치 않는 듯한 반응을 보이기도 한다. 나도 당장 오늘 오후에 있었던 코칭에서 "당신이 놓친 것이 있다면 무엇이라고 생각하나요?"라고 물었을 때, "빠뜨린 것이요? 그게, 글쎄요……"라는 답을 듣게 됐다.

사람들이 답을 안 하는 이유는 여러 가지다. 우선 질문하는 사람을 신뢰하지 못해서일 수도 있고, 질문 자체가 불편해서일 수도 있다. 그러나 대개는 평소 이런 질문에 익숙하지 않기 때문에 어렵다고 느끼는 경우다. '네', '아니오'로 답할 수 없는 질문, 유도되지 않은 열린 질문, 현재의 제약과 장애물에서 벗어나는 질문, 자기 경험과 내면을 드러내는 질문, 순수한 관심과 애정을 담은 관계 질문을 받아본 경험이 없을수록 답하는 데 어려움을 느낀다.

따라서 용기 내어 질문을 시도했는데 상대의 반응이 다소 뜨뜻미지근하다고 실망할 필요는 없다. 그저 질문에 대한 답을 정리하기 위한 시간이 필요하다는 신호로 받아들이면 된다. 가짜 질문만 아니라면, 질문은 사라지지 않고 상대의 마음에 뿌리를 내리며 변화를 만들어낸다.

최근 남편은 회사 일로 심란해했다. 한 분야에서 25년간 전문가로 일해왔는데 회사가 자신의 노고를 몰라주는 것 같다며 깊은 회의감과 실망감을 드러냈다. 이야기를 들어보니 의욕이 꺾일 만도 했다. 그러나 아내로서 내가 해줄 수 있는 것은 많지 않았다. 나는 그가 오랫동안 몸담은 회사를 함께 비난하는 대신, 질문을 건네기로 했다.

〔에너지 질문〕

**"당신이 지금까지 회사 일을 하면서 가장 재미있게 일
했던 순간은 언제였어요?"**

"재미? 회사 일이 재미있지는 않았던 것 같은데……. 그
래도 팀장일 때가 보람이 있었던 것 같아요. 후배들에게
도움을 줄 수 있으니까."

〔과거 질문〕

**"당신, 팀장일 때 팀원이 그렇게 많았는데 어떻게 그 많
은 사람을 다 챙겼어요?"**

"너무 인원이 많으니까…… 그래도 점심시간이나 커피
마실 때는 항상 이야기를 같이 하려고 했죠. 어떻게든
도와주려고 노력했어요."

〔미래 질문〕

"남은 회사 생활 동안 무엇을 남기고 싶어요?"

"글쎄요…… 생각해본 적이 없어서."

남편은 어떤 질문에는 답이 길어졌고, 또 어떤 질문에는 "글쎄요"
하면서 말을 아꼈다. 자연스러운 반응이었다. 꺼낼 것이 많은 질문

일수록 바로 대답하기 어려울 수 있다. 그럴 때 내가 할 수 있는 최대의 배려는 남편이 자신만의 시간을 가지도록 기다리는 일이다.

"천천히 한번 생각해봐요."
"여유 될 때 생각해보고 답해줘요."

무라카미 하루키는 이러한 시간을 '갱생'이라고 불렀다. 갱생은 건축 현장에서 제품이나 소재를 재워둔다는 뜻이다. 즉 한차례 작업이 끝나면 그냥 가만히 놔두면서 바람을 쐬게 하거나 내부가 단단히 굳도록 기다리는 과정을 말한다. 그는 소설도 마찬가지라면서, 이야기가 고르게 배어들도록 기다리는 시간이 반드시 필요하다고 강조했다.

나는 상대가 답을 주저하거나 회피할 때면 갱생의 시간을 떠올린다. 그냥 가만히 두면 시간 안에서 무엇인가 배어들 테고, 준비가 된 후에 질문에 대한 최선의 답을 해줄 것이라 믿는다. 대부분의 경우 이러한 전략은 성공적이었다.

아니나 다를까, 며칠 후 남편과 주말 산책을 하던 중에 그가 불쑥 이렇게 말했다.

"여보, 나는 앞으로 마스터, 장인이 되어야겠다고 생각
했어요."
"마스터? 그건 어떤 의미예요?"
"기술적으로만 뛰어나야 한다고 생각했는데, 장인은 그
이상을 넘어서잖아요."
"아! 그 마음으로 남은 직장생활을 하면 되겠네요!"

남편은 아내의 질문을 잊지 않았다. 오히려 그 질문을 몇 번씩
되뇌어보며 생각을 키웠다. 그가 한 말과 표정을 보니 며칠 사이에
작지만 분명한 변화가 일어난 듯 보였다. 이렇듯 누군가 진심으로
건넨 질문은 마음 한편에 저장되어 필요한 때에 적당한 방식으로
사용된다.

역사학자 알랭 코르뱅은 침묵의 역사에서 '기도를 하려면 조용
히 해야 한다'고 말했다. 나는 이 말을 인용하여 "진짜 이야기를 들
으려면 조용히 해야 한다"고 말하고 싶다. 상대가 답을 바로 이어
가지 못할 때 가장 강력한 영향력을 발휘하는 대화의 기술은 침묵
뿐이다.

"맞아요. 생각이 필요한 질문이죠."

"괜찮아요. 시간을 충분히 가지세요."

"그냥 한번 생각해보세요. 그리고 나중에 들려주세요."

코치들은 훈련 과정에서 침묵의 기술을 배운다. 그 과정에서 내게 가장 깊은 인상을 남긴 것은, 침묵에는 무엇보다 신뢰가 요구된다는 사실이다. 고객을 믿고, 동시에 코치 자신을 믿어야 침묵을 견딜 수 있다. 이는 상대에게 자신만의 답이 있다는 믿음과, 코치로서 어떤 상황이든 그것을 감당해낼 수 있다는 단단함이 있을 때 비로소 가능한 일이었다. 이 믿음이 없으면 조급함에 휩쓸려 침묵을 깨고 개입하고 싶어진다.

그러나 불안에서 나온 말들은 동기 부여에 전혀 도움이 되지 않는다. 내가 지금껏 경험한 침묵은 때론 말보다 더 강력한 힘을 발휘했다. 대화를 집중시키고, 생각을 깨어나게 하고, 관계를 깊이 연결시켰다. 기다림은 조용하면서도 묵직한 존중과 응원의 방식이었다.

질문하기만 연습이 필요한 것이 아니다. 생각하고 답하는 일에도 경험이 쌓여야 한다. 객관식이 아니라 주관식, 더구나 서술형으로 대화하려면 끊임없이 질문에 답을 채워보아야 실력이 는다. 예를 들어 생각해보자. 만약 누군가 당신에게 아래와 같은 질문을 한다면, 당신은 어떤 답을 하게 될까?

"10년 후에는 누구와, 어디서, 무엇을 하며 지내고 싶은
가요?"

"내가 오랜 시간 동안 싸워온 대상은 무엇이라고 생각
하나요?"

"살면서 나 자신이 가장 마음에 들었던 순간은 언제였
나요?"

"지금 내게 가장 소중한 것을 지키기 위해서 무엇을 해
야 할까요?"

"현재 나에게 가장 필요한 한마디의 말은 무엇인가요?"

시간이 필요한 질문들이 있다. 그런 질문은 시간을 들일수록 더 좋은 답이 나온다. 질문에 곧바로 답하지 못하는 이유는 모르기 때문이 아니다. 오히려 더 나은 답을 찾고 싶어서다. 지식이나 지혜가 부족해서가 아니라, 자기 내면에 온전히 집중하는 일이 아직 낯설어서 선뜻 말이 나오지 않는 것뿐이다.

갈수록 속도가 빨라지고, 검색 한 번에 엄청난 양의 정보를 얻을 수 있는 이 시대에 기다림과 침묵은 어쩌면 덜 매력적으로 보일지도 모르겠다. 그러나 넘쳐나는 가짜 속에서 진짜를 찾기 위해서, 또한 누군가의 답을 내 것이라 착각하지 않기 위해서는 생각을 묵히는 시간이 더욱 중요해지고 있다.

나 스스로에게도 질문을 키워낼 시간을 허락해보자. 학교와 회사는 여전히 우리에게 빠른 정답을 요구하지만, 잠시 마음의 한편에 텃밭을 내어 작은 질문들을 키워나가자. 그것이 무르익으며 선사하는 만족과 보람을 경험해보자.

오늘의 일기에 나는 "50대의 나는 무엇을 말하는 사람이 되고 싶은가?"라는 질문을 적어넣었다. 이 가을을 지나는 동안, 나는 곰곰이 그것에 대해 생각하고 멈추기를 반복할 예정이다. 바쁜 일상에서 그 질문을 키워내는 일이 내게는 큰 경작의 기쁨이 될 것이다.

질문을 품는 사람은 멈춰 있을 수 없다. 타인의 답을 기다릴 줄 아는 사람은 외로울 수 없다. 질문을 던지는 순간에도, 그것을 받아내는 순간에도 침묵과 기다림이 필요하다. 조급한 마음을 가라앉히고 너와 가만히 마주 앉아, 서로를 믿어주는 노력이 필요하다.

기술을 넘어
진심이 머무는 자리를 찾는 일

대화는 단순히 정보를 주고받는 행위를 넘어, 두 사람 사이에 보이지 않는 공간을 짓는 일입니다. 3장 '말과 말 사이'에서 우리는 화려한 질문의 기술보다 더 중요한, 상대를 향한 '온전한 머무름'의 힘에 대해 나누었습니다. 질문이 관계의 씨앗이라면, 우리가 그 말들 사이에 채워 넣는 침묵과 호응은 그 씨앗이 단단히 뿌리 내릴 수 있는 비옥한 토양이 되어줍니다. 아무것도 하지 않음으로써 가장 많은 것을 하게 되는 순간이 있습니다. 말과 말 사이의 경이로운 순간들은 믿음의 침묵을 따라 조용하게 찾아오는 법이니까요.

1. 전념하기, 오직 지금 이 순간에만 마음을 씁니다
머릿속 평가와 판단을 멈추고 고요한 공간을 만들어, 상대의 표정과 단어 하나까지 정성껏 관찰하며 온전히 곁을 지키는 일입니다. 지금 이 순간의 공명은 관계에 깊은 울림을 만듭니다.

2. 타당화하기, 나의 동의보다 상대의 진실을 우선합니다

내 기준대로 규정짓지 않고, 상대의 입장에서는 '그러할 수도 있구나'를 인정하며 안전한 거리를 지켜주는 배려입니다. 매 순간 절절히 공감하지 않아도 괜찮다는 것을 기억하세요.

3. 호응하기, 다정한 맞장구로 대화의 호흡을 맞춥니다

다채로운 감탄사와 요약을 통해 우리가 소통하고 있음을 확인하며, 대화에 따뜻한 리듬과 일치감을 불어넣는 상호 작용입니다. 누가 뭐래도 쿵짝이 맞는 대화가 말할 맛이 납니다.

4. 인정하기, 존재의 고유한 빛과 숨은 노력을 발견합니다

상대가 치러낸 노력의 과정과 긍정적인 의도를 알아봐주는 격려입니다, 단 한 명이라도 다정한 지지자가 곁에 있다면, 우리는 스스로의 가치를 믿고 다시 시작할 에너지를 얻습니다.

5. 기다리기, 신뢰의 침묵으로 답이 무르익는 시간을 믿습니다

성급한 개입 대신 상대가 자신만의 답을 길어 올릴 '갱생의 시간'을 허락하는, 가장 묵직한 방식의 존중입니다. 누구에게나 최선이 있다는 믿음은 결국 무엇인가를 만들어내고야 맙니다.

질문으로 한 걸음
나아가는 삶

첫 직장에서의 일이다. 20대 중반이었던 나는 선배를 따라 '현장 코칭' 업무 인수 인계를 받았다. 유명한 국내 테마파크 중 한 곳에서 고객에게 식음료와 상품을 판매하고, 놀이기구를 운영하는 직원들을 코칭하는 일이 사내 강사 역할 중의 하나였다.

얼떨떨한 표정으로 선배의 뒤꽁무니를 쫓던 나는, 금세 직원들이 우리의 방문을 달갑게 여기지 않는다는 것을 알 수 있었다. 숨 돌릴 틈을 비집고 들어와 용모 단정 매뉴얼을 설명하고, 영업 멘트를 수정해주는 일은 누가 봐도 짜증스러울 법했다. 그 묘한 불편감과 긴장감을 알게 되자 강의장을 벗어나 직원들을 만나기가 겁이 났다.

하지만 그때 느낀 두려움과 막막함은 내게 큰 전환점이 되었다. '코칭'을 제대로 배워봐야겠다고 결심한 계기가 되어주었기 때문이다. 그 즈음은 외국의 코칭 프로그램이 우리나라에도 들어와 몇몇 기관에서 교육을 시작하던 때였다.

새로 알게 된 코칭은 전문가의 조언이나 지적과는 거리가 멀었다. 그것은 한 사람과 인간적이고 신뢰할 수 있는 관계를 맺는 철학에 관한 것이었고, 동시에 실행을 돕는 체계적인 대화 기술이자 프로세스였다. 그 이후로 지금까지 질문은 내 삶에서 상당히 중요한 위치를 차지해왔다.

말하기 대신 질문을 늘리는 일은 쉽지 않았다. 질문하고 기다리는 게 답답했다. 시간이 아깝게 느껴질 때도 있었고, 이게 맞는 방향인가 싶은 의구심도 일었다. 그러나 질문이 어느 정도 자리를 잡자 주변 사람들이 '너 요즘 많이 달라졌다'며 내면의 변화를 알아차렸다.

고백하자면 나는 오랫동안 일 중독자였고, 냉랭한 개인주의자였다. 혼자 일하는 것이 편했고 협력에 서툴렀다. 확신이 강했고, 성미가 급했다. 일에서는 유능하지만 따뜻하지는 않은 사람, 웃고 있어도 관계에 확실한 선을 긋는 사람이었다.

그런 내가 달라졌다는 것이다. 친구와 동료들의 표현을 빌리자면 코칭을 시작한 이후로 부드러워졌고, 편안해졌고, 깊어졌다고 했다. 이전에는 '내가 옳다'는 식으로 말이 나섰다면 이제는 '너는 어때?'로 곁에 있는 사람에게 주목한다는 평가였다.

　그렇다. 질문은 질문자를 먼저 변화시킨다. 내가 고집하던 것을 내려놓게 하고, 좁은 틀 밖으로 한 걸음 내딛게 한다. 내 안에서 질문을 키우는 동안에는 옳고 그름의 판단보다 더 중요한 게 있음을 알게 된다. 무엇보다 우리는 서로를 통해 배우고 성장할 수 있음을 깨닫는다.

　나는 질문과 함께 계속 자라고 싶다. 독서와 강연, 도전과 경험, 운동과 명상, 자연과 산책은 언제나 좋은 질문의 교보재가 되어준다. 그 가르침에 귀 기울이며 명쾌하고 다정한 질문을 건네는 사람이 되고 싶다.

　마지막으로 이번 한 주 동안 "밥은 뭘 해서 먹었냐"고 물어준 엄마와, "내가 뭘 도와줄까요?"라고 질문해준 남편과, 출장을 다녀온 내게 "엄마, 혼자 지내니까 어땠어?", "집에 오니까 엄마 기분이 어때?"라고 마음을 살펴준 두 아들에게 뜨거운 사랑과 감사를 전한다.

KI신서 16348

질문의 밀도

1판 1쇄 인쇄 2026년 4월 10일
1판 1쇄 발행 2026년 4월 23일

지은이 김윤나
펴낸이 김영곤
펴낸곳 (주)북이십일 21세기북스

출판부문 출판2본부장 윤서진
인생명강팀장 박강민 **인생명강팀** 권혜지 심세미 조혜진
디자인 김희림 **마케팅팀** 유진선 이수진 김설아
영업팀 정지은 장철용 강경남 김지윤 황성진 김도연
제작팀 이영민 권경민

출판등록 2000년 5월 6일 제406-2003-061호
주소 (10881) 경기도 파주시 회동길 201 (문발동)
대표전화 031-955-2100 **팩스** 031-955-2151 **이메일** book21@book21.co.kr

© 김윤나, 2026
ISBN 979-11-7357-948-6 (03190)

(주)북이십일 경계를 허무는 콘텐츠 리더

21세기북스 채널에서 도서 정보와 다양한 영상자료, 이벤트를 만나세요!
페이스북 facebook.com/jiinpill21   포스트 post.naver.com/21c_editors
인스타그램 instagram.com/jiinpill21   홈페이지 www.book21.com
유튜브 youtube.com/book21pub

- 책값은 뒤표지에 있습니다.
- 이 책 내용의 일부 또는 전부를 재사용하려면 반드시 ㈜북이십일의 동의를 얻어야 합니다.
- 잘못 만들어진 책은 구입하신 서점에서 교환해드립니다.